数字经济案例精选与实务研究

张朝霞　薛春江　主编

Digital Economy

Case Selection and Practical Research

法律出版社
LAW PRESS·CHINA
——北京——

图书在版编目（CIP）数据

数字经济案例精选与实务研究 / 张朝霞，薛春江主编. -- 北京 : 法律出版社，2024. -- ISBN 978-7-5197-9446-0

Ⅰ. D922.290.4

中国国家版本馆 CIP 数据核字第 2024AT9602 号

数字经济案例精选与实务研究
SHUZI JINGJI ANLI JINGXUAN YU SHIWU YANJIU

张朝霞　薛春江 主编

责任编辑 李沂蔚
装帧设计 李　瞻

出版发行 法律出版社
编辑统筹 法律应用出版分社
责任校对 王　丰　李景美
责任印制 刘晓伟
经　　销 新华书店

开本 710 毫米×1000 毫米　1/16
印张 12　　**字数** 208 千
版本 2024 年 9 月第 1 版
印次 2024 年 9 月第 1 次印刷
印刷 固安华明印业有限公司

地址:北京市丰台区莲花池西里 7 号(100073)
网址:www.lawpress.com.cn
投稿邮箱:info@lawpress.com.cn
举报盗版邮箱:jbwq@lawpress.com.cn
销售电话:010-83938349
客服电话:010-83938350
咨询电话:010-63939796

书号:ISBN 978-7-5197-9446-0　　**定价**:76.00 元

凡购买本社图书,如有印装错误,我社负责退换。电话:010-83938349

前　　言

党的二十大报告明确提出，要“加快发展数字经济，促进数字经济和实体经济深度融合，打造具有国际竞争力的数字产业集群。”党的二十届三中全会通过的《中共中央关于进一步全面深化改革、推进中国式现代化的决定》明确提出，要“加快构建促进数字经济发展体制机制，完善促进数字产业化和产业数字化政策体系。”为深入贯彻党中央、国务院关于发展数字经济的决策部署，准确把握新发展阶段，贯彻新发展理念，构建新发展格局，北京市正在推进“两区”建设，并在加快建设全球数字经济标杆城市。

按照最高人民法院《关于人民法院为北京市国家服务业扩大开放综合示范区、中国（北京）自由贸易试验区建设提供司法服务和保障的意见》和北京市高级人民法院《为加快建设全球数字经济标杆城市提供司法保障工作规划（2023－2025）》的要求，北京市第三中级人民法院（以下简称“北京三中院”）立足辖区司法职能，对标“四个中心”建设，精准、高效为北京市“两区”建设及全球数字经济标杆城市建设提供司法保障，积极促进数字产业规范化发展，助力加快释放数字经济新活力。

近年来，北京三中院针对数字经济发展中出现的实践问题，广泛开展调研，深入分析研究，依法妥善审结了数字经济领域相关案件，主要涉及新业态下平台用工模式与劳动关系认定、网络信息发布、网络直播、虚拟货币、电子合同、电子政务系统应用及数据安全犯罪等相关法律问题，充分发挥了司法服务保障数字经济高质量发展的作用。

为了及时总结司法实践经验，强化司法裁判引领作用，北京三中院在北京市“两区”办和北京博锐开放政策研究院的大力支持下，对近年来审理的数字经济典型案例进行全面梳理，编写了《数字经济案例精选与实务研究》一书。本书聚焦数字经济领域相关案件审判难点，注重提炼裁判规则，研究法律适用问题，旨在以案例为载体向广大读者解读数字经济审判实务热点问题，以数字司法实现数字正义。

本书的编写出版是北京三中院司法服务保障数字经济高质量发展的阶段性成果，随着司法研究和实践的不断深入，我们期待数字经济审判领域涌现出更多的“数智”成果，不断为数字审判注入源头活水，护航数字经济行稳致远，努力让人民群众在每一个司法案件中感受到公平正义。

编写组

2024 年 9 月

目　录

第一章　新业态下平台用工模式与劳动关系的确定

一、外卖骑手的劳动关系认定

关 键 词：劳动关系　个体工商户　人身从属性　经济从属性

典型案例：外卖骑手注册为个体工商户不影响劳动关系的认定——某信息科技公司与李某劳动争议案

裁判要旨：对于涉新业态从业人员劳动关系的认定，应根据双方之间的实际权利义务判断是否符合劳动关系的本质特征。用人单位以外卖骑手已注册成为个体工商户为由，主张双方之间不存在劳动关系的，人民法院不予支持。

案情简介

某信息科技公司取得某外卖平台某地区订餐和配送业务的经营权。某信息科技公司（甲方）与李某（乙方）签订一份《劳务服务协议》，约定协议有效期为2019年3月1日至2021年2月28日；乙方根据甲方的工作要求和安排，提供送餐服务，乙方应当服从甲方的安排，听从甲方的指挥，按时保质完成工作任务；乙方应按照甲方劳务指令中所述的时间、地点和条件提供送餐劳务服务；乙方工作期间应遵守公司的各项规章制度、服务纪律、业务操作规程、工作规范等；甲方有权聘请第三方管理公司对乙方进行管理，乙方应服从该第三方公司的管理；甲方根据与发包方的业务外包合作可以将乙方分配至某地区进行送餐工作。李某通过登录某平台接受系统派单进行送餐，所属站点为某地区，其站长为某信息科技公司工作人员。

2020年8月21日，某信息科技公司与某网络公司签订《某平台服务协议》，合作期限为2020年8月1日至2021年7月31日,通过将自然人注册为个体工商户的形式,约定个体工商户通过某平台承揽某信息科技公司的业务。某信息科技公司向某网络公司支付平台服务费及项目服务费。2020年9月24日,李某作为经营者与某网络公司签订《项目转包协议》。李某在注册某平台前后的接单方式、工作内容均无变化。另查,某网络公司按月支付李某报酬。

2020年12月,李某向某地区仲裁委员会申请仲裁,要求:确认2018年2月27日至2020年12月9日与某信息科技公司存在劳动关系。某地区仲裁委员会作出裁决书,裁决确认李某与某信息科技公司自2018年11月1日起至2020年12月9日止存在劳动关系。后某信息科技公司不服仲裁裁决,诉至法院。

法院观点

原劳动和社会保障部《关于确立劳动关系有关事项的通知》第一条规定:"用人单位招用劳动者未订立书面劳动合同,但同时具备下列情形的,劳动关系成立。(一)用人单位和劳动者符合法律、法规规定的主体资格;(二)用人单位依法制定的各项劳动规章制度适用于劳动者,劳动者受用人单位的劳动管理,从事用人单位安排的有报酬的劳动;(三)劳动者提供的劳动是用人单位业务的组成部分。"本案中,某信息科技公司与李某均符合建立劳动关系的主体资格;某信息科技公司主要业务为某外卖平台在某地区的订餐和配送业务,李某所从事的送餐业务属于某信息科技公司的业务组成部分;某信息科技公司按月向李某支付劳动报酬,并由其工作人员对李某进行管理,包括遵守各项规章制度、服务纪律、业务操作规程、工作规范,根据某信息科技公司的指令进行送餐等,由此可以认定李某与某信息科技公司之间的关系具有人身从属性和经济从属性,存在事实上的劳动关系。双方虽于2019年签订《劳务服务协议》,但劳动关系存在与否是由强制性规范予以认定的范畴,应根据双方权利义务关系的实质内容进行审查。某信息科技公司后虽又通过某平台向李某发出业务指令、发放报酬,但李某在注册某平台前后的接单方式、工作内容均无变化。李某虽注册为个体工商户,但实质上并非以经营者的身份承揽配送业务,而是仍然依附于某信息科技公司进行工作,双方的人身从属性与经济从属性并未发生改变,故应认定李某与某信息科技公司之间存在劳动关系。

法官说法

一、如何认定外卖骑手与用工单位是否存在劳动关系

（一）劳动关系的判断标准——从属性理论

随着我国互联网平台经济的迅猛发展，外卖骑手、快递小哥等新业态劳动者群体不断扩大，新业态劳动者的用工关系等问题也逐渐受到广泛关注。就外卖骑手而言，实践中，鉴于平台企业、平台合作企业、骑手之间的合作模式和法律关系的多样化、互联网用工的灵活性，外卖骑手的用工主体、用工模式难以确定，也给外卖骑手和用工单位之间法律关系的认定带来困难。如上述案例中，平台合作配送企业与骑手签订了《劳务服务协议》，后又通过要求骑手在第三方平台注册个体工商户的形式“承揽”其配送业务，使劳动关系能否认定存在不确定性。在此情况下，法院认定外卖骑手与用工单位间是否存在劳动关系时，不能仅依据双方签订的合同名称、用工形式，而应当结合合同条款内容及双方实际履行的权利义务去判断双方关系是否具有人身从属性和经济从属性。

劳动法理论通说认为，劳动关系是劳动者与用人单位之间为实现劳动过程而发生的劳动力与生产资料相结合的社会关系，兼有平等性与从属性、人身性与财产性的特征，其中从属性包括人身从属性和经济从属性，是劳动关系的本质属性，也是劳动关系客观外在的表征。目前体现从属性理论应用的法律依据是《关于确立劳动关系有关事项的通知》（劳社部发〔2005〕12 号）第一条，该条规定：“用人单位招用劳动者未订立书面劳动合同，但同时具备下列情形的，劳动关系成立。（一）用人单位和劳动者符合法律、法规规定的主体资格；（二）用人单位依法制定的各项劳动规章制度适用于劳动者，劳动者受用人单位的劳动管理，从事用人单位安排的有报酬的劳动；（三）劳动者提供的劳动是用人单位业务的组成部分。”从该规定可以看出，劳动关系的认定标准包括两个方面：一是主体资格，即用人单位和劳动者应当符合法律、法规规定的主体资格；二是从属性，这是司法实践中认定劳动关系存在与否的主要法律依据。

关于人身从属性。人身从属性是指劳动者在提供劳动方面服从于用人单位，按照用人单位的工作规则和指示提供劳动，用人单位决定劳动者提供劳动义务的给付地、给付时、给付内容及给付量，劳动者提供的劳动是用人单位业务的组成部分；劳动者接受用人单位的管理、监督和检查，劳动者违反用人单位规

章制度时，用人单位有权对其作出处罚。具体到外卖骑手与单位来说，可审查单位是否存在对骑手进行管理的规章制度，单位是否送达骑手相关规章制度并要求其遵守，单位是否对骑手进行考勤、休息休假管理、考核、监督、惩戒等，骑手的工作时间、场所、内容、方式等安排是否需服从单位指令或经其同意，骑手的配送工作是否是单位的业务组成部分。

关于经济从属性。经济从属性是指用人单位向劳动者提供劳动所需要的生产资料和劳动条件，享有劳动者的劳动成果，劳动者按照用人单位指示进行劳动产生的风险由用人单位承担，劳动者享有获得劳动报酬的权利，且劳动报酬和其他待遇作为其主要生活来源。具体到外卖骑手与单位来说，可审查单位是否向骑手提供配送箱、交通工具、专用服装等生产工具，经营风险由单位还是个人承担，单位是否定期向骑手发放劳动报酬，骑手的收入是否完全依靠外卖数量计件，骑手的主要或全部收入是否来源于单位。

本案中，法院适用从属性理论，分析认为李某对工作内容并无实质的自主决定权，对劳动对价亦无平等协商权，工作过程均体现公司的意志，进而判断双方之间存在较强的人身从属性、经济从属性，认定双方之间存在劳动关系。

（二）适用从属性理论否认劳动关系的案例

本案例是法院支持外卖骑手关于确认劳动关系的诉讼请求的案例，司法实践中亦存在外卖骑手主张与平台存在劳动关系而法院未予支持的情况，举例如下：

周某在某众包平台注册了某众包用户，并在注册时阅读并同意了《众包用户协议》，按照相关平台操作规则抢单送餐成为骑手并获得配送费。根据《众包用户协议》，注册成为某众包平台的用户不提供固定工作地点或区域，不提供劳动工具，不支付基本工资（底薪），不要求用户必须接单，用户的报酬按商家或消费者付款后的每单金额计算提成，由平台支付至用户账户，用户通过提现转为可用现金。平台同时会给用户购买意外伤害保险，并在用户送餐过程中进行风险提示、多接单奖励，同时对于投诉或差评较多的用户进行组织培训，对于违规配送的用户进行扣款。在第四项某众包服务及规范中的“特别提示”载明：“1. 您知悉众包平台仅提供信息撮合服务，您与众包平台不存在任何形式的劳动或雇佣关系。2. 众包平台可能会基于您的优秀服务质量或者其他优秀的表现向您发放相关的资金奖励，但该种资金的奖励不属于薪资，不等同于认可了您与众包平台的劳动或雇佣关系。”后周某起诉要求确认其与某众包平台企业存在劳动关系。

法院经审理驳回了周某的诉讼请求，理由为：平台仅是在骑手和顾客之间提供信息撮合服务，与骑手之间不具有人身从属性，骑手可根据意愿随时抢单，也可随时终止抢单。平台对骑手不进行用工方面的管理，不规定出勤时间，不分配工作任务，不限制抢单时间、数量。虽然平台对骑手的顾客满意度、投诉等问题进行管理，但此属业务质效方面的管理，是企业基于经营而必然采取的措施，此管理与劳动法上的用工管理有根本区别。故对其诉讼请求法院未予支持。

二、确认劳动关系后如何保障劳动者实现其他权益

确认劳动关系之诉胜诉后，或者在要求确认劳动关系的同时，劳动者往往会主张其他权利，如向用人单位要求支付解除劳动合同经济补偿金或赔偿金等，要求用人单位为其缴纳社会保险。

关于解除劳动合同经济补偿金或赔偿金等，劳动者可通过提起劳动仲裁、诉讼的方式提出合法诉求。如下述高某与某科技公司劳动争议一案。

高某自述2020年5月25日入职某科技公司，进行某外卖平台某站点外卖送餐工作。2021年8月31日，某科技公司通知其不用上班。高某为证明与某科技公司存在劳动关系，提交了工作软件截图、微信聊天记录、与某科技公司员工的电话录音等，证明其与某科技公司存在劳动关系，2021年8月31日，某科技公司站长通知与其解除劳动关系，后某科技公司与高某就解除赔偿进行协商。后高某通过仲裁及诉讼要求确认劳动关系，支付解除劳动合同经济补偿金、未签劳动合同双倍工资等。法院认为，根据《关于确立劳动关系有关事项的通知》第一条规定，高某为某科技公司直接提供劳动、接受某科技公司劳动管理，以及某科技公司向高某支付劳动报酬等客观事实存在，故应认定双方存在事实劳动关系。关于支付解除劳动合同赔偿金的问题，通过高某提交的微信聊天记录及电话录音可知，某科技公司在2021年8月30日通知高某不用来上班及将高某移出工作群，属没有法定事由解除与高某的劳动关系，属于违法解除劳动关系，应向高某支付解除劳动关系赔偿金。

关于劳动者的社会保险权益，应区分不同情形，通过行政途径或仲裁、诉讼途径主张权益。

一是行政途径。对于用人单位欠缴社会保险费或者因缴费年限、缴费数额等发生争议的，未规定此类纠纷由法院受理。因社保机构对用人单位欠缴费用

负有征缴的义务，如果劳动者、用人单位与社保机构就欠费等发生争议，是征收与缴纳之间的纠纷，属于行政管理的范畴，带有社会管理性质，不是单一的劳动者与用人单位之间的社保争议。因此，此类争议不宜纳入民事审判的范围，劳动者对用人单位欠缴社会保险费或者因缴费年限、缴费数额等发生争议的，应向相关社保行政管理部门申请解决。如可以通过向当地社保经办机构申请社保稽核、向劳动监察大队投诉举报等方式要求用人单位补缴。

二是仲裁、诉讼途径。《最高人民法院关于审理劳动争议案件适用法律问题的解释（一）》（法释〔2020〕26 号）第一条规定，“劳动者与用人单位之间发生的下列纠纷，属于劳动争议，当事人不服劳动争议仲裁机构作出的裁决，依法提起诉讼的，人民法院应予受理……（五）劳动者以用人单位未为其办理社会保险手续，且社会保险经办机构不能补办导致其无法享受社会保险待遇为由，要求用人单位赔偿损失发生的纠纷”。如果用人单位未按规定为劳动者缴纳社会保险费，导致劳动者不能享受养老、工伤、失业、生育、医疗保险待遇，通过行政途径无法解决，劳动者要求用人单位赔偿损失，属于劳动争议的范围，司法机关应予受理。

总之，对于用人单位原因导致劳动者社会保险欠缴、少缴、漏缴等情形，劳动者应优先通过行政途径寻求解决处理；无法处理并产生损失的，可通过仲裁、诉讼提出诉求。

相关法律规范

《关于确立劳动关系有关事项的通知》（劳社部发〔2005〕12 号）

一、用人单位招用劳动者未订立书面劳动合同，但同时具备下列情形的，劳动关系成立。

（一）用人单位和劳动者符合法律、法规规定的主体资格；

（二）用人单位依法制定的各项劳动规章制度适用于劳动者，劳动者受用人单位的劳动管理，从事用人单位安排的有报酬的劳动；

（三）劳动者提供的劳动是用人单位业务的组成部分。

《最高人民法院关于审理劳动争议案件适用法律问题的解释（一）》

第一条　劳动者与用人单位之间发生的下列纠纷，属于劳动争议，当事人不服劳动争议仲裁机构作出的裁决，依法提起诉讼的，人民法院应予受理：

（一）劳动者与用人单位在履行劳动合同过程中发生的纠纷；

（二）劳动者与用人单位之间没有订立书面劳动合同，但已形成劳动关系后发生的纠纷；

（三）劳动者与用人单位因劳动关系是否已经解除或者终止，以及应否支付解除或者终止劳动关系经济补偿金发生的纠纷；

（四）劳动者与用人单位解除或者终止劳动关系后，请求用人单位返还其收取的劳动合同定金、保证金、抵押金、抵押物发生的纠纷，或者办理劳动者的人事档案、社会保险关系等移转手续发生的纠纷；

（五）劳动者以用人单位未为其办理社会保险手续，且社会保险经办机构不能补办导致其无法享受社会保险待遇为由，要求用人单位赔偿损失发生的纠纷；

（六）劳动者退休后，与尚未参加社会保险统筹的原用人单位因追索养老金、医疗费、工伤保险待遇和其他社会保险待遇而发生的纠纷；

（七）劳动者因为工伤、职业病，请求用人单位依法给予工伤保险待遇发生的纠纷；

（八）劳动者依据劳动合同法第八十五条规定，要求用人单位支付加付赔偿金发生的纠纷；

（九）因企业自主进行改制发生的纠纷。

（李　森　王雯雯撰写）

二、互联网+服务平台与个人之间达成的否定劳动关系的协议效力

关 键 词：移动互联网　劳动关系　从属性

典型案例：互联网模式下平台与个人之间劳动关系的认定标准

裁判要旨：移动互联网模式下平台与个人的用工关系中，平台与个人之间达成的合作协议不能直接否定劳动关系，劳动关系的认定应当综合考虑劳动者的工作内容和协议内容。移动互联网经营模式导致劳动者举证困难，因此劳动者只要能够证明其确实曾为平台公司提供劳动，就可以初步认定构成劳动关

系。而平台公司主张与劳动者存在商务合作等其他关系的，应就平台经营模式及掌握的与劳动者存在其他法律关系的细节进行举证，举证不能的，由平台公司承担不利后果。

案情简介

某技术公司营业执照所列经营范围为“从事信息技术、智能化技术、网络技术……餐饮企业管理（不含食品生产经营），食品农产品的销售（不含生猪产品的销售）”，该公司运营一款App，可在线预约厨师上门提供烹饪服务。

张某与某技术公司2015年6月3日签订《合作协议》，显示甲方为某技术公司，乙方为张某，内容为：“甲方运营一家国内专业的移动互联网在线预约厨师上门服务平台；乙方是具有专业厨师资格，或虽非具有专业厨师资格，但拥有丰富掌厨经验的人士；乙方通过甲方平台，提升自身知名度，增加自身客源；甲方同意在乙方遵守甲方平台相关运营制度的前提下，将平台提供给乙方，实现共同盈利。双方经友好协商一致，于2015年4月15日签署本合作协议如下：第一条，乙方于本协议签署之日起正式与甲方建立合作关系，成为甲方平台合作厨师。第二条，乙方知晓并同意将自身的身份信息、联系方式等部分隐私信息提供给甲方并发布于某平台。第三条，乙方知晓并同意自身提供的烹饪服务对应的价位由甲方公开并发布于某平台。服务价位一经发布，乙方不得擅自修改。第四条，甲方为乙方提供某平台，为甲方的厨艺进行在线推广，并为甲方提供客户预约服务。客户通过某平台向乙方提出上门烹饪预约的，则乙方应当于客户议定的时间内抵达服务地点为客户进行烹饪服务。第五条，甲方为乙方提供专业的烹饪服务工具一套（详见清单），甲方考虑乙方为客户提供服务的方便和及时，向乙方提供烹饪服务工具计时租赁服务。为了方便计算乙方工具租赁费，甲方设立租赁登记制度，乙方应当配合完成租赁登记手续，工具如有遗失、损坏，乙方应当承担相关损失，租金计算在本协议第六条调度费用中。第六条，双方约定按如下第二项形式分享收益：（1）乙方仅接受客户通过某平台点名预约乙方的上门烹饪服务的，则客户的服务费用由乙方100%分配；（2）乙方不仅接受客户通过某平台点名预约乙方的上门烹饪服务，且愿意接受甲方指派、调度的某平台预约上门烹饪服务的，则客户的服务费由甲乙双方各自分配50%，且甲方支付乙方因甲方调度所产生的费用，为计算方便甲方统一按照5000元

(大写:伍仟元)支付,多退少补。第七条,双方确认并强调,本协议系商务合作协议,无须接受甲方管理,双方不存在任何人身隶属关系,乙方为劳务成果承担相应的责任,乙方同意接受双方之间的法律关系不直接或间接构成劳动关系。第八条,乙方如未能按时抵达客户要求的服务地点,或服务不能令客户满意而遭到客户投诉的,则甲方有权对乙方进行计分式惩戒制度,客户差评或投诉计分到达一定数量的,则甲方有权解除与乙方的合作关系并要求乙方赔偿相应损失。第九条,乙方如违反甲方规定,擅自向预约客户变更服务价格的,甲方有权立即解除与乙方的合作关系并要求乙方赔偿相应损失……第十一条,本协议的合作期限为1年,期限届满,双方均未提出不再续期的,视为自动续期1年,以此类推……"

张某将某技术公司诉至法院要求确立双方之间的法律关系为劳动关系,某技术公司认为双方明确达成了协议约定双方不是劳动关系,要求法院驳回张某诉讼请求。

对于工作模式,庭审中,张某一方陈述其经朋友介绍,进入某App平台,是提供上门服务的,合作协议是逃避法律责任的。张某10时必须到指定地点报到,这是公司管理职工的办公室和派工站,18时半时也必须到此处报到,报到的方式是打卡,迟到是要扣钱的,受公司管理,张某的工作由公司派工,每天都有外派的工作任务,上门给客户提供厨师服务,原材料由客户提供,不常用的原料由厨师自己带,如果没有工作任务要背着公司背包去街上做宣传。

某技术公司陈述认为张某所说的地址是服务站,在此地给厨师派单,厨师领取配料等。但是厨师不受公司管理,厨师自己决定是否接单。2015年9月之前的调配劳务费由厨师和公司平摊,2015年9月之后客户支付的费用全额给厨师,公司还支付好评费等。公司对厨师没有奖惩,也没有考勤管理。客户在网上下单,2015年9月之前因为系统不稳定,公司内部存在一部分人工派单,9月1日起全部由厨师在App上抢单。2015年9月之前公司每月支付一次报酬,包括调配劳务合作费,9月1日之后每周支付一次报酬,也不存在每月5000元底薪的情况。

庭审中法庭询问,当用户选择张某的时候,张某有权拒绝接单吗?某技术公司回答可以拒绝,但是会影响好评奖。如果张某没有时间,公司也可以安排其他人,但需要问客户的意见是否可以接受还是撤单。而张某一方主张:是不能拒绝接单的,如果拒绝会扣钱。

另外,某技术公司曾在一审中提交了平台奖励政策和厨师打款说明,其中某平台奖励政策显示:“为鼓励厨师积极接单,提高服务质量,把更好的服务带给千家万户,公司制定系列奖励政策:一、接单奖励:满30单奖励1200元,满40单奖励3000元,满50单奖励5000元。二、好评奖励:厨师服务的每一个订单,客户都有一次评论的机会,如果获得一个好评,合作师傅额外获得10元奖励,此奖励为方便统计,每月发放一次。”经询问,技术公司主张给厨师讲过政策和说明,但没有送达的记录,张某对此不予认可。

某技术公司曾在招聘网站介绍本公司:“是一家新型网络App的私人厨师平台,拥有专业的团队,实力雄厚,以倾力呈献各种美食为理念,以‘注重细节,追求品位’为宗旨,致力打造中国一流的网络厨师平台,并努力成为引领中国网络饮食界龙头企业。”管理团队显示:“某厨师创始人向媒体透露:目前平台的厨师团队共320人,不同于采用兼职人员为主的模式,这300多名厨师都是公司的全职员工。”公司介绍显示:“我们将为您提供:入职即办理各项社会保险、住房公积金;享有法定节假日、婚假、产假、病假、陪产假、年休假等;具有竞争力的薪资待遇+奖金;公司根据员工需求购买相应图书;快速升职加薪的晋升空间;定期体检……”此外,技术公司认可其App经过多次升级,2015年六七月开始具有抢单功能。

法院观点

法院生效裁判认为,本案争议焦点是张某与某技术公司是否构成劳动关系,本案中某技术公司提供了与张某签订的合作协议,合作协议中规定双方合同关系性质系商务合作,并规定双方之间的法律关系不直接或间接构成劳动关系。技术公司以此主张双方不构成劳动关系。本院对此认为,劳动关系的建立固然要尊重双方当事人的意思自治,但不同于一般的民商事法律关系,劳动法律关系中当事人的意思自治要受到《劳动法》《劳动合同法》等法律法规及劳动行政部门颁布的规范性文件的严格限制,劳动关系存在与否是由强制性规范予以认定的范畴,不能仅凭当事人的书面约定就排除劳动关系,仍要结合双方的“合作”模式和劳动者的具体工作内容予以确定。

根据查明的事实,某技术公司对张某进行指派、调度及奖惩等,按月发放给张某较为固定的报酬，张某受某技术公司的劳动管理，在某技术公司安排的工作地点报到，代表张某从事该公司安排的有报酬的劳动；双方符合有关法律法规规定的用人单位和劳动者的主体资格；某技术公司仅经营厨师类业务平台，张某主要提供厨师技能，综合以上因素考虑，应当认定双方具有较强的从属关系，而从属关系正是认定劳动关系的本质特征。

另外，从举证能力和举证责任的角度考虑，本院认为，某技术公司作为网络公司，在以移动互联网为背景的经营模式下，有能力也有义务对其公司与张某的具体“合作”细节进行举证，以证明双方的“合作”过程完全符合其合作协议中规定的各项条款。本案中，技术公司的 App 曾多次升级，功能一再发生变化，双方对系派单还是主动抢单、是否需要在工作站坐班等问题都说法不一，法院难以从某技术公司的举证中看出，双方的“合作”完全符合合作协议规定的模式。且考虑到某技术公司曾招聘全职厨师，并对外宣传全职厨师为该 App 区别于其他类似 App 的因素，综合考虑在案证据并结合案件具体事实，法院认为本案情况下双方建立的关系符合劳动关系的特点，最终判决确认张某与某技术公司存在劳动关系。

法官说法

一、平台与个人达成的合作协议能否否定劳动关系

在与网络平台有关的劳动争议案件中，通常会在劳动者的电子注册协议或者与平台达成的其他协议中特别注明双方的关系不属于劳动关系。一旦争议发生，网络平台便援引协议的该条进行抗辩，以此否认劳动关系的存在。对于该争议点，审判中形成两种观点。

第一种观点认为：劳动关系是民事关系，《劳动法》第十七条第一款规定劳动合同的订立应当遵循平等自愿、协商一致原则。因此原则上应当遵循当事人的意思自治，劳动者主张双方不构成劳动关系的，应当举证证明签订协议时有欺诈、胁迫、重大误解等导致约定无效或者可撤销的因素，或者能够提供充分证据证明双方关系明显构成劳动关系，否则应当认定双方约定的效力，认定双方不构成劳动关系。

第二种观点认为：劳动关系存在与否系强制性规范予以认定的范畴，平台经营公司采取书面、电子协议等形式与个人明确约定双方并非劳动关系的，该

约定并不当然产生约束力，人民法院应结合双方的“合作”模式和劳动者的具体工作内容对双方是否构成劳动关系予以确定。

我们同意第二种观点。理由有以下几方面。

首先，劳动关系的认定不同于劳动合同的订立。劳动合同的订立是一项民事活动，是双方当事人对劳动权利内容的具体约定，订立与否、订立的内容是什么，双方的权利义务均属于民事权利义务范畴，由当事人自主协商、自由约定。而劳动关系的认定作为一项根据法律规范进行评判的活动，是有权机关的职权行为，无论双方当事人怎样约定，都不影响有权机关的认定。就如同双方当事人自己约定合同是有效合同，但究竟是否有效仍要法院或者仲裁机构根据法律规定进行判定一样。因此劳动合同的自由订立并不等同于劳动关系认定的自由约定。

其次，根据劳动法律的特点，不宜由当事人自由约定是否构成劳动关系。劳动法律是社会法，社会法的主旨在于保护公民的社会权利，通过公权力的介入来保护弱势群体的利益，因此《劳动法》具有一定的公法的强制性特征，立法对劳动关系加以特别规范，凡属《劳动法》规范之对象，均不得以约定方式逃避《劳动法》的适用，否则倾斜保护劳动者的《劳动法》极有可能落空。在劳动关系中，用人单位始终是强势的一方，且劳动关系中用人单位承担了保险等法定义务，为降低用工成本，用人单位完全有可能会利用其优势地位与劳动者签订非劳动关系协议，若劳动法律对此不闻不问，将使劳动关系的失衡状态加剧并最终导致严重的社会问题。

最后，劳动关系的认定应当结合劳动者的工作内容和协议。劳动关系是一个劳动者向用人单位提供体力或智力劳动所形成的关系。一般而言，劳动者与单位先签订协议再提供劳动。劳动者与用人单位在缔约能力、知识水平等方面差距极大，而劳动关系一旦形成，劳动者又不得不从属于单位，接受单位的安排和管理，因此往往所签订的协议不能完全体现出双方真实的关系类别。因此在判定双方的法律关系是否成立劳动关系时不能仅仅依靠协议内容，而要考虑双方的约定及劳动者的具体工作内容综合予以判定。

具体到本案，虽然张某与某技术公司明确约定了双方系商务合作关系，不是劳动关系，但法院裁判时并没有局限于上述文字，而是结合协议内容，综合考察了双方具体的“合作模式”与张某的工作内容，在分清举证责任基础上对双方之间的法律关系进行了认定，最终对双方间的劳动关系进行了确认。

二、移动互联网模式下劳动关系认定的举证责任分配

举证责任的分配是民事案件的核心问题，直接关系到案件的最终结果。司法实践中，对于确认劳动关系存在的案件，一般认为由主张劳动关系成立的一方，也就是劳动者举证。这是基于劳动关系成立是案件的基础事实，也是积极事实，应当适用“谁主张、谁举证”的原则，由主张法律关系存在的当事人，对产生该法律关系的基本事实承担举证证明责任。但在移动互联网模式下的劳动关系认定案件，除上述原则外，还应当考虑双方的举证能力和经营模式特点。

移动互联网经营模式导致劳动者举证极其困难。传统案件中，劳动者可以凭借各种载体对劳动关系的关键证据进行固定，比如签订过协议的可以提供书面协议，没有提供协议的可以提供工作场所的照片，还可以提供与单位领导之间的录音等对相关内容进行举证。而移动互联网的主要载体在于手机上的App，平台公司一般在注册时要求劳动者进行点击勾选，从而形成协议。该协议在注册成功后很难查阅自己签署的版本，更别说在出现争议后进行下载和打印。除此之外，平台公司发送的大量与劳动关系密切相关的指示性内容，比如薪酬调整、奖励调整、超单报酬、指派工作均是通过App里的短信或者公告推送完成，这些材料在日常生活中均难以有效保存，且随着App的升级换代变得难以查阅。即使能够查阅，劳动者也缺乏有效手段进行保存和取证。一旦进入诉讼，劳动者便会陷入“什么都知道，什么都拿不出来”的举证尴尬境地，而平台公司则可有选择地对有利于自己的协议进行举证，导致双方在案件中的举证责任负担经常陷入明显失衡的状态。

此外，移动互联网平台类公司目前都集中在出行打车、家政等劳动密集型产业领域，对互联网和法律知识的掌握有限，而平台公司都为资本密集型和技术密集型企业，强大的资金和信息优势使得平台公司在该类诉讼中准备得十分充分，双方举证能力严重不对等。

我们认为，在该类诉讼中，应当考虑移动互联网的经营模式和当事人的举证能力给查明案件事实带来的难度。如果一味强调劳动者的举证责任，一方面无法查清案件事实，另一方面也会变相鼓励互联网公司滥用技术优势逃避法律责任。我们认为应当考虑《劳动争议调解仲裁法》第六条的适用，该条规定：“发生劳动争议，当事人对自己提出的主张，有责任提供证据。与争议事项有关的

证据属于用人单位掌握管理的，用人单位应当提供；用人单位不提供的，应当承担不利后果。”移动互联网模式下，平台公司作为大数据的拥有者，对平台运营的细节及劳动者在其平台上的一举一动了如指掌。公司完全有能力对自己App 的功能及推送的具体情况进行举证，这些信息与劳动争议事项密切相关，并由用人单位掌握管理，因此其应当提供。作为劳动者一方，只要能够证明其曾为平台公司确实提供劳动，能够提供具有从属性的初步证据的，法院不宜过严把控。平台公司主张与劳动者存在商务合作等其他关系的，应就平台经营模式及掌握的与劳动者存在其他法律关系的细节进行举证，举证不能的，由平台公司承担不利后果。

本案中，技术公司的 App 曾多次升级，功能一再发生变化，而双方对众多问题的说法不一，技术公司也无法提供 App 的早期版本及双方合作的细节，因此我们将举证责任分配给了平台公司，在难以从技术公司的举证中看出双方的“合作”完全符合合作协议规定的模式的情形下，我们结合技术公司曾招聘全职厨师，并对外宣传全职厨师为该 App 区别于其他类似 App 的因素等证据事实，确认了劳动者与平台公司间的劳动关系。

相关法律规范

《劳动争议调解仲裁法》

第六条　发生劳动争议，当事人对自己提出的主张，有责任提供证据。与争议事项有关的证据属于用人单位掌握管理的，用人单位应当提供；用人单位不提供的，应当承担不利后果。

《关于确立劳动关系有关事项的通知》(劳社部发〔2005〕12 号)

一、用人单位招用劳动者未订立书面劳动合同，但同时具备下列情形的，劳动关系成立。

(一)用人单位和劳动者符合法律、法规规定的主体资格；

(二)用人单位依法制定的各项劳动规章制度适用于劳动者，劳动者受用人单位的劳动管理，从事用人单位安排的有报酬的劳动；

(三)劳动者提供的劳动是用人单位业务的组成部分。

(郑吉喆撰写)

三、网络平台在传统用工模式下的法律地位

关 键 词:平台　劳动关系　灵活用工

典型案例:用人单位利用兼职平台签订灵活用工协议规避主体责任的应认定其与劳动者间构成劳动关系

裁判要旨:在互联网业态案件中,平台公司对依靠平台进行劳动的劳动者人身、经济控制程度较强,超出了双方平等合作关系的本质而体现出较强的依附从属性,应倾向于认定存在劳动关系。

案情简介

辛某2016年经人介绍在运输公司工作,具体职责是作为装卸工跟车装卸,辛某主张进公司需要先打卡,一直受公司的领导和调度,其工作内容是和司机杨某一组,杨某开车,其负责装卸,其工作内容一直未改变。辛某提供的企业微信打卡提醒显示名称为"物流公司大北京区域";微信群聊天记录显示微信群名称为"北京公司运输部",微信群中发送的图片及物品有运输公司的名字;其工服及工牌均显示了运输公司的名字。

工资发放记录显示,在2016—2019年辛某的工资由两家人力资源公司发放,部分发放时标明了＊＊的字样,自2019年4月起由一家网络公司发放,至2020年3月起,通过该网络公司的App工＊记发放,工＊记上记载显示,辛某2020年3月26日至4月25日31天,某运输公司,装卸工,4641.07元,运输公司操作项目,线上任务……2020年10月26日至11月25日31天,某运输公司,装卸工,4640.84元,运输公司操作项目,线上任务;2020年11月26日至12月25日30天,某运输公司,装卸工,5004.84元,运输公司操作项目,线上任务。

辛某主张,2019年8月,公司要求其下载注册工＊记App,之后按照公司要求在App上接单,发工资的时候要点一下这个App,2020年年底辛某因交通事故受伤,涉及工伤问题,因此辛某将运输公司诉至法院要求确认与运输公司之间存在劳动关系。

运输公司则主张,其与辛某之间不存在劳动关系,辛某是在工＊记的App

上灵活就业,是平台的新型用工模式。2019 年 3 月至 2021 年 3 月,某科技公司一直向运输公司提供共享经济综合服务,运输公司与科技公司签订的《共享经济合作协议》约定:为运输公司及第三方灵活从业人员提供交易撮合与信息处理的众包平台以及提供任务信息的发布、派单并接受运输公司委托对任务对应的生产经营收入提供托收及保管服务,在任务确认完成后,由平台向第三方从业人员支付;第三方灵活从业人员指通过自带工具、自行承担经营成本……符合以非全日制、临时性和弹性工作等无全职劳动关系存在的灵活就业人员,包括个体工商户、共享经济模式下的自由职业者等。运输公司认可工＊记工资发放情况的真实性,但不认可证明目的,称这是辛某与工＊记之间的事情,与其公司无关,是工＊记给辛某发放工资的情况,其公司临时有活就会通过工＊记发单,辛某在工＊记上接单,接单完成之后就会有薪酬发放。运输公司还提交了《灵活从业人员服务协议》及辛某的电子签约存证页。

庭审中经法庭询问,辛某认为,工＊记 App 主要用于发工资,通过工＊记直接转账到辛某银行卡里,直接提现,其没有在平台接单,是发工资前一天在平台点一下。运输公司称每月做一个大单在平台上发一个单,发工资前点的一下就是接单,是对于每月工作量的确认,认可所谓的接单是对已经完成工作的确认。对于工资发放问题,运输公司称其将款项打给第三方,第三方通过平台发给辛某。

法院观点

法院审理后认为,《最高人民法院关于适用〈中华人民共和国民事诉讼法〉的解释》(2022 年修正)第九十条规定,当事人对自己提出的诉讼请求所依据的事实或者反驳对方诉讼请求所依据的事实,应当提供证据加以证明,但法律另有规定的除外。在作出判决前,当事人未能提供证据或者证据不足以证明其事实主张的,由负有举证证明责任的当事人承担不利的后果。根据《关于确立劳动关系有关事项的通知》第一条的规定,用人单位招用劳动者未订立书面劳动合同,但同时具备下列情形的,劳动关系成立:(1)用人单位和劳动者符合法律、法规规定的主体资格;(2)用人单位依法制定的各项劳动规章制度适用于劳动者,劳动者受用人单位的劳动管理,从事用人单位安排的有报酬的劳动;(3)劳动者提供的劳动是用人单位业务的组成部分。本案中,首先,辛某提交的工＊

记工资发放情况明确显示运输公司名称，且按月结算报酬，每月数额差别不大，且辛某2021年12月1日已经受伤并未提供实际劳动，亦不可能在工＊记上接单，但辛某2020年11月26日至12月25日工资确为5004.84元，比其他月份工资还高，法院难以采信运输公司所述辛某通过工＊记接单方式为其公司提供劳务，双方应存在劳动关系。而在辛某受伤后，运输公司经理程某主动与辛某联系询问病情且询问何时能够上班，运输公司仅称系程某个人慰问行为，该理由难以使人信服。运输公司虽提交其公司与案外公司签订的协议欲证明辛某属于灵活就业人员，但该协议签订前后，辛某工资数额变化不大，一审法院认为该证据不足以否认双方之间的劳动关系，且辛某提交的银行历史明细清单显示，自2016年至2021年，虽辛某的工资发放主体有多个，但发放工资时间具有连贯性、发放时间较为稳定，均为每月15日左右，一审法院综合考虑上述情形后最终判决运输公司与辛某存在劳动关系。判决后，运输公司不服提出上诉，北京三中院二审判决驳回上诉，维持原判。

法官说法

一、单位让劳动者和灵活用工的兼职平台签订灵活用工协议的行为能否阻断传统用人单位的责任

近年来，越来越多的传统企业希望降低企业的用人成本，降低劳动费用支出，但应当采用合法合规的方式。例如，部分企业选择与有资质的劳务派遣公司签订合同，采用劳务派遣方式用工，还有部分企业将部分工作内容进行整体外包，将管理权亦全部交由外包单位行使，因此不承担用人单位的主体责任。司法实践中，部分企业既希望保留传统的管理和用工方式，又不想承担作为用人单位的用工主体责任，尝试利用共享经济的背景寻求破局之道，本案中运输公司通过和第三方科技公司用工平台合作的方式将传统的用工关系做了一定程度的改造和创新，试图实现上述目的。

本案中运输公司从事的是物流运输这种传统型行业。从最初的基本用工模式上看，运输公司给每辆车配一个司机和一个装卸工，身着运输公司工服，按照公司所下发的指令进行具体工作，并由运输公司通过其他案外的主体向劳动者支付劳动报酬，双方之间劳动关系的从属性特征较为明显。

首先，运输公司在和负责灵活用工的科技公司签署《共享经济合作协议》

后，科技公司使用电子协议的方式对其和劳动者的关系进行了重构，运输公司要求劳动者在科技公司的App上注册，并用电子方式签署灵活从业服务协议，从而将劳动者定位成既不和运输公司也不和平台之间成立劳动关系的灵活从业人员。其次，在工资发放方式上做了修正。将应当按月正常发放的工资改成了工资发放前先让劳动者每月在平台上接一个所谓“大单”，然后由平台向劳动者支付所谓的劳务费用，营造灵活就业的外在表象。

但劳动关系的认定并非仅需简单地观察协议内容，由于劳动关系中的用人单位和劳动者并非完全处于平等的地位，因而法院在认定时要结合用工关系的细节过程判断双方之间真实关系性质是否和协议一致，双方之间的真实关系与协议不一致的，法院仍然以双方实际履行时的特点判断是否构成劳动关系。

本案中，从劳动关系的实际履行来看，辛某长期持续稳定地为运输公司提供了装卸劳动，辛某身着运输公司工服，长期受运输公司管理，上班打卡，并从运输公司最终取得劳动报酬，与辛某配合的工作伙伴固定，领导固定，工作模式和方式固定。这些都足以说明辛某和运输公司的关系具有典型的从属性特点。运输公司虽试图借助互联网平台通过新经济模式改变辛某的身份属性，逃避自己应当承担的缴纳社保、工伤赔偿等用人单位责任。但仅凭电子协议和让劳动者欲盖弥彰式的于发放工资前在App上点击虚拟大单并不足以让法院相信辛某是一个自由职业者，辛某全天候地仅为运输公司从事工作本身就说明双方之间并非表面上的灵活用工关系，辛某实质上仍受运输公司掌控和管理，科技公司通过互联网技术所实现的劳动者灵活就业，先接单再由科技公司App付款只是用人单位规避传统劳动关系的伪装，这也是本案审理中法院否定所谓新型用工模式的核心原因，因辛某与运输公司的关系符合劳动关系的特征，因此法院认定双方仍然构成劳动关系。

二、如何判断互联网平台在劳动关系中的地位

近年来，“互联网+”的浪潮给国内各个行业带来了革命性的影响，传统行业与互联网开始深度融合，以新的业态经营模式进入到日常生活，深刻改变人们的消费模式和生活场景。人们的日常生活越来越便捷，但在这背后，是剪不断、理还乱的纷繁法律关系，这些法律关系在移动互联网经营模式下呈现了新的特征，给审判实务带来了新的难点，其中，尤以平台方与依赖平台进行

工作的劳动者之间是否构成劳动关系最为突出，本案即这一争议焦点的集中体现。

我国《劳动法》和《劳动合同法》均未对劳动关系的概念进行界定。司法实践中目前行之有效的法律规范主要是依据原劳动和社会保障部于2005年发布的《关于确立劳动关系有关事项的通知》（劳社部发〔2005〕12号），其中第一条规定："用人单位招用劳动者未订立书面劳动合同，但同时具备下列情形的，劳动关系成立。（一）用人单位和劳动者符合法律、法规规定的主体资格；（二）用人单位依法制定的各项劳动规章制度适用于劳动者，劳动者受用人单位的劳动管理，从事用人单位安排的有报酬的劳动；（三）劳动者提供的劳动是用人单位业务的组成部分。"司法实务中，法院在审查时会细化上述标准，比如审查劳动者是否在用人单位的营业场所提供劳动；劳动者是否全职工作，用人单位是否有相应的考勤制度及考勤记录；劳动者在提供劳动中接受谁的管理指挥，谁来分配工作任务，管理者是否是用人单位的职工；劳动者是否能够提供有用人单位管理标识的工服、工牌；审查用人单位是否通过公司账户或者股东、高管、财务人员账户向劳动者发放薪水；用人单位是否有该劳动者的员工花名册、考勤记录或者社保记录；劳动者提供的劳动类型是否是用人单位营业执照上载明的经营范围，等等。但是在移动互联网业态的经营模式下，上述传统的认定方法遇到了相当大的挑战。

移动互联网业态下，劳动者的工作地点不再固定，甚至处于随机分布状态，且均非平台公司的营业场所；劳动者工作时间更为灵活，平台公司一般不通过硬性规定方式要求工作时间，也不再有签到、打卡等传统的考勤记录；领导方式上，平台公司通过系统派单的方式对劳动者的工作任务进行分派，劳动者甚至很难说清楚自己上级的领导姓名；工装工牌方面，网络平台要求不同，部分平台出于宣传考虑，要求劳动者需身着带有平台标识的服装；平台通过自身或者第三方支付公司向劳动者发放劳动报酬，劳动报酬与工作内容及服务对象的付酬行为密切相关，是否设定底薪方面各平台公司要求不同；平台公司无劳动者的员工花名册，也不为其缴纳社保；从工商登记来看，平台公司一般从事信息技术、智能化技术、网络技术等，不直接从事劳动者所参与工作的领域（比如本案的餐饮服务）。

不满足传统的认定方式并不意味着平台公司与劳动者之间就一定不构成

劳动关系。互联网技术的确改变了传统劳资关系的一些习惯和外观特征，但不能掩盖劳资关系的本质特征——从属性特征。从属性一般是指劳动者具有在雇主的指挥监督之下给付劳动的特点，理论界一般将其分为从属性，又被细化为人身从属性、经济从属性。其中，人身从属性是指负有给付义务的劳动者基于用人单位明示、默示而劳动。经济从属性是指劳动者被纳入雇主的组织结构，劳动者不为自己劳动，而是从属于他人，为该人之目的劳动。具体而言，人身从属性更强调劳动者在劳动中需要听从单位的指挥，单位对劳动者具有管理、奖惩等权利，而经济从属性侧重于表示劳动行为的利他性，即由于劳动者提供劳动力为雇主所使用，除此之外再无生活来源，由此导致劳资双方不具备对等的谈判地位，形成了劳动者在经济上对雇主的从属性。

司法实务中，从属性审查更多地体现为用人单位对劳动者的人身、经济等要素的控制程度。互联网业态案件中，可从以下几个方面认定平台公司与劳动者的从属关系。

1. 劳动者是否全职工作，平台工作是否存在排他性要求

全职与兼职是我们从劳动者角度判断劳动关系的重要因素，全职意味着该份工作成为劳动者的全部或者主要经济来源，劳动者需要全身心地投入进行工作，不可避免地屈从并依赖于平台公司，形成经济上的从属性。而兼职情形下，劳动者显然有更多的选择和自主性，人身和经济的从属性都明显趋弱，一般不认定为劳动关系。

而从平台角度，是否允许劳动者在主要工作时间从事其他工作即该份工作是否存在排他性要求也是判断从属性的重要考虑因素，非从属关系下，劳动者拥有选择合作方的自由，这种自由体现为可以在短时间内更换服务的平台进行工作，比如私人所有的网约车可能同时挂着滴滴、优步、易到等多个平台，这种情形下，任何一个平台都不能对劳动者进行完全的人身、经济控制，平台与劳动者的从属关系就趋弱。

2. 平台公司能否控制劳动者工作的具体细节

这是区分平台公司是作为合作方的信息中介还是作为管理者的用人单位的重要因素。平台公司一般都标榜自己仅是利用互联网技术而撮合交易的信息平台，但其实并非如此，平台公司往往倾向于对劳动者劳动的各个细节进行控制，一方面平台公司需要通过控制保证平台公司对外提供服务的质量，另一

方面帮助平台公司筛选更优秀、更积极的劳动者进行服务。司法实践中，多数平台公司都对劳动者的服务细节有细致的要求，包括劳动者穿着服装、行为方式等，这些多数通过事后的好评率或者留言予以反馈回平台公司，还有部分公司通过在线时长、应答率、GPS 定位来对劳动者进行细节控制。控制点越多说明从属性越强。

3. 劳动者是否有权拒绝平台公司派单

平等主体合作关系下，劳动者与平台公司并无从属关系。作为信息平台，平台公司应鼓励劳动者自主抢单或者与需求方自主协商确定是否提供劳动。平台公司无权命令劳动者必须进行某份具体工作，平台公司的派单不应当具有强制力，劳动者有权根据自身情况在合理期限内选择是否接单。在劳动者非恶意拒绝派单的情形下，平台公司可根据情况调整以后是否向劳动者派单或者提供派单的机会，但无权对劳动者的该次拒绝行为施加扣钱等直接经济处罚。平台公司对拒绝派单行为的管控越强，说明从属性越强。

4. 薪酬发放和具体数额是否固定

如果个人可以随意注册进入网络平台，从中获取信息后，自行完成业务，自行收取费用作为报酬，并不影响个人从事其他工作，则双方经济从属性明显较弱；但平台如果每月发放基本固定薪水，总的薪水或者薪水差距与劳动者完成工作量关系度不高，则体现劳动者与平台公司具有明显的经济从属性。

总体而言，如果平台公司对依靠平台进行劳动的劳动者人身、经济控制程度越强，超出了双方平等合作关系的本质而体现出较强依附从属性，应倾向于认定存在劳动关系。

相关法律规范

《最高人民法院关于适用〈中华人民共和国民事诉讼法〉的解释》(2022 年修正)

第九十条　当事人对自己提出的诉讼请求所依据的事实或者反驳对方诉讼请求所依据的事实，应当提供证据加以证明，但法律另有规定的除外。

在作出判决前，当事人未能提供证据或者证据不足以证明其事实主张的，由负有举证证明责任的当事人承担不利的后果。

《关于确立劳动关系有关事项的通知》(劳社部发〔2005〕12号)

一、用人单位招用劳动者未订立书面劳动合同,但同时具备下列情形的,劳动关系成立。

(一)用人单位和劳动者符合法律、法规规定的主体资格;

(二)用人单位依法制定的各项劳动规章制度适用于劳动者,劳动者受用人单位的劳动管理,从事用人单位安排的有报酬的劳动;

(三)劳动者提供的劳动是用人单位业务的组成部分。

(郑吉喆撰写)

第二章　新业态用工中的主体认定

一、骑手发生交通事故的雇主责任

关　键　词：外卖骑手　交通事故　赔偿　雇主责任

典型案例一：外卖骑手造成他人损伤后责任的负担主体、方式及保险赔付模式

裁判要旨：外卖骑手与配送平台的外包单位签署众包协议的，在协议中外包单位虽然将其与骑手的关系表述为服务合作关系，但是外包单位实际参与了配送员的配送活动，在配送骑手的管理、薪酬、福利、保险等方面扮演了重要角色，双方地位并非平等的合作关系，因此应当认定存在雇佣关系，发生交通事故时外包单位应当承担雇主责任，对外进行赔付。但如果外卖骑手对事故存在故意、重大过失的情况下，外包单位赔付后可依法向骑手进行追偿。存在投保相关保险的，如属于“机动车交通事故责任强制保险”和“机动车商业第三者责任保险”，可在交通事故案件中一并处理理赔；如属于其他性质的商业保险如保险公司不同意一并处理，则需另案解决。

案情简介

2020年7月19日，臧某某驾驶普通二轮摩托车与骑自行车的郝某某发生交通事故，造成郝某某车前部接触部位损坏，郝某某左脸、左肩受伤。北京市公安局公安交通管理局双桥大队出具《道路交通事故认定书（简易程序）》对上述事实予以载明，并认定臧某某负全部责任，郝某某无责任。

事故发生后，郝某某即被送往医院救治，北京积水潭医院于当日出具两份急诊病历，分别载明诊断为左颧骨软组织挫伤及初步诊断为锁骨远端骨折（左）。北京积水潭医院于7月19日出具诊断证明书，诊断：左颧骨软组织挫伤。郝某某因本次交通事故产生了医疗费、辅助器具费、自行车维修费、交通费

损失。

平台业务的外包公司提交服务合作协议、公证书，用以证明其与臧某某没有劳动或劳务关系，郝某某不认可。平台运营公司提交《众包协议书》、配送信息、保单、《外包服务合作协议》，用以证明配送人员与平台运营公司不存在劳动或劳务关系，是外包公司签约的，投保人也是外包公司。郝某某对证据真实性认可但对除保单外的证据证明目的均不认可。

法院观点

经审理，一审法院认为，涉案交通事故经公安交管部门认定由臧某某负全部责任，一审法院依法予以确认，并据此确定本案的民事赔偿责任。依据本案查明的事实，平台运营公司与外包公司之间系合作关系，平台运营公司提供平台服务，外包公司负责配送业务，臧某某为平台注册的配送人员，具体负责订单配送。因此，平台运营公司并非本案侵权人，不应承担侵权的赔偿责任。《服务合作协议》约定臧某某与外包公司为服务合作关系，但考虑到外包公司参与了臧某某的配送活动，在配送骑手的管理、薪酬、福利、保险等方面扮演了重要角色，故此一审法院综合认定臧某某在事故发生时属于履行外包公司的职务行为，外包公司应当对郝某某产生的合理合法损失进行赔偿。保险公司承保的保险险种为旅行人身意外伤害保险，该类保险与机动车商业第三者责任保险（以下简称商业三者险）不同，故一审法院认为不宜在本案中处理保险公司的保险责任。一审法院依照《民法典》第一千一百七十九条之规定，判决：(1)外包公司于判决生效之日起10日内，赔偿郝某某医疗费677元、护理费6750元、营养费3750元、交通费41元、残疾辅助器具费100元、财产损失费10 000元；(2)驳回郝某某的其他诉讼请求。

二审法院经审理认为，虽然外包公司并未直接实施侵权行为，但臧某某系平台注册的配送人员，臧某某所从事的送餐业务属于外包公司的业务组成部分，外包公司向其支付薪酬，并对其进行相应的管理，故发生事故时臧某某系履行外包公司的职务行为。根据相关法律的规定，雇员在从事雇佣活动中致人损害的，雇主应当承担赔偿责任，故外包公司应当对郝某某因交通事故造成的合理合法损失进行赔偿。依照《民事诉讼法》第一百七十七条第一款第一项之规定，判决：驳回上诉，维持原判。

法官说法

一、外卖骑手撞伤人后，伤者应当向谁主张赔偿

互联网时代下，催生了“平台 + 个人”的新型用工模式，外卖行业作为平台经济下新就业形态的典型代表，极大地调动了从业者的积极性，但由此引发的纠纷也日益增多。在外卖骑手与他人发生交通事故涉及赔偿的案件中，对于外卖骑手的侵权行为造成的损害结果，虽然外卖骑手是直接侵权行为人，但是如外卖骑手造成他人损害系发生于配送外卖的过程中，由于其系在提供劳动（劳务）的过程中，即是在履行职务期间，依照法律规定，相应的侵权责任应当由劳动关系中的用人单位，或者接受劳务的雇主承担。

实践中，外卖平台的配送经营模式包括众包配送模式、自营配送模式与代理配送模式等，其中由于人身依附程度、管理模式等不同，可能构成劳动或劳务等关系。但是发生交通事故时，并不要求外卖骑手与平台或者外包公司必然存在劳动关系，只需外卖骑手系在履行平台或外包公司的工作任务即可。就具体承担责任的主体而言，在众包配送模式中，部分骑手通过第三方承包等方式提供服务，并没有与平台经营者建立直接的用工法律关系，所以当成立劳动（劳务）关系时这类案件中有的是由第三方的承包公司作为雇主承担赔偿责任，而非由外卖平台直接承担。

在自营模式中，由平台自己雇佣或者劳务派遣的方式招募配送员，双方根据具体情况可能成立劳动、劳务关系，事故发生在骑手履行职务行为期间，则由平台先行承担侵权责任。

在代理配送模式中外卖平台将配送业务整体外包给相应的代理商，由代理商自行招募骑手，根据具体情况代理商与骑手可能成立劳动、劳务关系，事故发生在骑手履行职务行为期间，由代理商承担侵权责任。

二、对外承担赔偿责任的单位能否向骑手追偿

外卖骑手发生交通事故由雇主向被侵权人承担责任，这是由于外卖骑手在履行职务，其实施的单位经营活动范围内的行为应视为用人单位实施的行为，由单位进行赔付较为合理，同时也有利于被侵权人尽早得到赔付。但是如对于外卖骑手引发的事故，不考虑外卖骑手的过失和错误均由单位承担责任，既不利于规范骑手的安全驾驶行为，也明显有违公平，加重单位负担。

《民法典》第一千一百九十一条规定:“用人单位的工作人员因执行工作任务造成他人损害的,由用人单位承担侵权责任。用人单位承担侵权责任后,可以向有故意或者重大过失的工作人员追偿。”因此根据法律规定,在单位对被侵权人进行赔付后,如果骑手对事故结果存在故意或者重大过失,则单位可以向骑手进行追偿。该追偿的前提是骑手存在故意或者重大过失,即对于轻微过失或者不存在过失的骑手单位无权进行追偿。故意指骑手明知会产生危害结果,但是希望或者放任该结果的产生。对于何种情形可以认定为重大过失,一般来说应当从损害结果的可预见性、损害结果是否具有可避免性,即雇员是否具有从事所属职业的专业技能、是否具有相应年龄层所应有的认识能力、是否存在严重违反操作规程的行为、是否存在不听劝阻的情形等方面综合进行判断,同时在实践中交通警察作出的事故责任认定书也作为重要的参考因素。如骑车过程中因接打手机、闯红灯、逆行、超速等造成交通事故,都有可能被认定为存在重大过失。对于存在故意、重大过失的骑手,对于雇主已实际承担的责任,应当酌情判令由骑手承担其中的一部分。

三、常见的骑手投保保险有哪些?在哪些情况下能够由保险赔偿

本文所指的保险指的是因交通事故发生后,涉及对骑手以及骑手外的伤者进行赔付的保险,不包括社会保险。根据外卖骑手所驾驶的交通工具不同,可以投保的保险种类也并不相同。其中如骑手驾驶的为机动车(摩托车、汽车等自带动力装置驱动的车辆)则依照法律规定必须投保“机动车交通事故责任强制保险”(以下简称交强险),并可选择投保商业三者险,如驾驶非机动车(电动自行车、普通自行车等)则无法投保上述两种保险。除此之外,部分保险公司针对外卖骑手推出了特定的保险产品,每天扣除一定的金额对当天进行投保。

发生交通事故后,如骑手的交通工具有交强险或商业三者险,依据法律规定在交通事故案件中应当直接由保险公司对第三者(骑手撞到的一方)予以赔偿,保险不足以赔偿的再由雇佣骑手的单位承担雇主责任。对于骑手因交通事故对自身产生的损害,则按照责任比例情况由对方承担交通事故责任,由雇主承担相应责任。除上述两种保险以外,目前多家保险公司均针对外卖骑手推出保险,保险名称多种多样,但是内容基本相同,本文称为骑手保险。骑手保险与交强险、商业三者险不同之处在于,其既对骑手本人进行保险,也对第三人进行

保险,但是目前由于相关保险制度并不健全,保险金额也较低,往往不能充分实现赔偿伤者的效果,且保险条款中涉及众多对保险公司的免责条款,骑手往往未详加阅读,诉讼过程中保险公司常提出免责的请求。诉讼中涉及保险公司的免责格式条款,如保险公司未举证证明其尽到提示、告知义务,则不对被保险人发生效力。

同时,需要关注的是,现行法律规定对于投保交强险和商业三者险等责任保险的,在交通事故案件中是可以一并审理的,而骑手保险并非典型的第三者责任保险,故能否一并处理缺乏明确依据,大量诉讼中实际不会将骑手保险在交通事故中一并处理。这样就会导致骑手或单位等主体先行赔付伤者后,再向保险公司理赔会发生困难,而不愿在案件中调解,也不利于伤者高效维权。

（刘　茵　沈　力撰写）

关 键 词:外卖骑手　致人损害　雇主责任　追偿权

典型案例二:骑手发生交通事故致他人受伤,被侵权人可向外卖平台公司主张赔偿

裁判要旨:骑手发生交通事故致他人受伤,被侵权人要求外卖平台公司承担赔偿责任的,不宜简单以骑手与外卖平台公司不存在劳动关系、外卖平台公司将配送业务外包给第三方公司等理由认定骑手配送餐的行为与外卖平台公司完全无关。考虑到配送餐业务由外卖平台系统进行派单,骑手在送餐过程中身着外卖平台公司的工服并且携带由外卖平台公司统一配备的送餐箱,可以认为骑手系在执行职务过程中致他人损害。被侵权人要求外卖平台公司先行承担赔偿责任的,应予支持。

案情简介

杜某通过某配送 App 注册成为外卖送餐员,其工作内容主要为从某订餐平台接受系统派单后进行取餐及送餐。某日,于某被正在送餐的杜某驾驶的电动车撞伤,经交管部门认定杜某应负事故全部责任。事故发生后,于某到医院进行治疗,经医院诊断为右踝内外踝粉碎性骨折。后经鉴定,于某的伤残程度属十级。于某将送餐员杜某、某配送 App 及某订餐平台隶属的甲公司、分包送餐

业务的乙公司诉至法院，请求杜某、甲公司、乙公司赔偿于某住院期间的医药费、出院后复查医药费、残疾辅助器具费、营养费、交通费、住院伙食补助费、护理费、残疾赔偿金、被扶养人生活费、鉴定费、误工费及精神损害抚慰金共计317 088.81元。庭审中，甲公司称其授权丙公司使用其配送品牌经营配送业务，但不清楚丙公司是否将送餐业务分包，杜某系丙公司的员工；杜某表示其不清楚自己与哪家单位建立劳动关系。甲公司主张在其现有的经营模式下，其与部分骑手直接建立了劳动关系，另有部分骑手属于外包人员的性质，与其不存在劳动关系。

法院观点

杜某系因执行职务的行为造成于某受伤，应由其所在单位对受害人承担相应的民事责任。甲公司主张其授权丙公司经营送餐业务，杜某系与丙公司存在劳动关系，但甲公司并未举证证明杜某与丙公司存在劳动关系，也无法证明杜某与其他公司存在劳动关系。某订餐平台及某配送 App 均隶属于甲公司，配送餐业务亦属于甲公司所经营的日常业务。杜某在送餐过程中身着某订餐平台的工服并且携带由甲公司统一配备的某订餐平台的送餐箱，由某订餐平台系统进行派单。对于作为受害人的于某而言，其仅知晓自己系被某订餐平台骑手所撞伤，若要求其去追究杜某到底与哪家公司存在劳动关系再去追偿，显然会加重其诉讼负担。即使杜某确实与甲公司不存在劳动关系，属于外包商的员工，甲公司有权对其所授权的外包商合作的业务进行监督管理。另，甲公司作为某订餐平台及某配送 App 的经营者，其系经营相关业务的最终受益人。《最高人民法院关于审理人身损害赔偿案件适用法律若干问题的解释》（法释〔2003〕20号）所规定的“在执行职务中致人损害”不宜简单认定为只有存在劳动关系才属于执行职务，即使是外包商的骑手，亦不宜将其送餐行为仅认定为执行外包商的职务，而与平台完全无关。考虑到权责益相统一的原则，甲公司对其外包商的员工在执行职务过程中造成他人损害的不应认定为完全无责。因此，杜某在送餐过程中因执行职务造成于某受伤，于某要求甲公司先行承担赔偿责任并无不当。一审法院判决甲公司赔偿于某各项费用共计271 042.87元。二审判决：驳回上诉，维持原判。

法官说法

一、公司雇主责任的认定标准及赔偿依据

雇佣关系是指由雇员提供劳务、雇主支付相应报酬而形成的权利义务关系,雇员在雇主授权或指示范围内从事生产经营活动或其他劳务活动。在外卖行业等新业态经营模式中,外卖平台运营公司往往未与配送人员直接建立劳动关系,而双方是否成立劳务雇佣关系,应当结合配送人员的工作内容、劳务报酬的支付主体、监督管理主体、劳务行为的最终受益主体等因素予以认定。外卖平台运营公司与其他主体存在委托代理或业务分包等合作关系的,在没有充分证据证明配送人员与其他主体成立劳动关系或劳务雇佣关系的情况下,根据执行工作任务的主要内容认定外卖平台运营公司与配送人员间成立劳务雇佣关系,更为符合实际情况与权责相一致的原则。

《最高人民法院关于审理人身损害赔偿案件适用法律若干问题的解释》(法释〔2003〕20 号)第九条规定,雇员在从事雇佣活动中致人损害的,雇主应当承担赔偿责任。这一规定确立了个人与公司成立劳务雇佣关系的情况下,提供劳务者致人损害时由作为雇主的公司承担替代责任的赔偿规则,即由公司对被侵权人的全部损失予以赔偿。《侵权责任法》第三十四条亦规定,用人单位的工作人员因执行工作任务造成他人损害的,由用人单位承担侵权责任,这一规定也为《民法典》第一千一百九十一条所沿袭。

二、对外承担赔偿责任的公司能否向骑手追偿

关于对外承担赔偿责任的公司能否向骑手追偿的问题,《最高人民法院关于审理人身损害赔偿案件适用法律若干问题的解释》(法释〔2003〕20 号)第九条规定,雇员因故意或者重大过失致人损害的,应当与雇主承担连带赔偿责任。雇主承担连带赔偿责任的,可以向雇员追偿。《民法典》第一千一百九十一条亦规定,用人单位承担侵权责任后,可以向有故意或者重大过失的工作人员追偿。将用人单位追偿权的行使限于工作人员因故意或者重大过失造成损害的情形,体现了内部求偿关系中的过错原则,如果工作人员对损害的发生仅是一般或轻微过失,或者没有过错,则即便工作人员致人损害的行为成立侵权行为,用人单位承担责任后也不能进行追偿。对用人单位追偿权作出此种限制,是为了达到保障劳动者权益与兼顾公平的平衡。当然,此种追偿权作为一种权利,作为用

人单位的公司既可以行使，也可以放弃。此外，若雇员与公司之间存在关于行使追偿权的约定，公司也可根据双方约定进行追偿。

相关法律规范

《民法典》

第一千一百九十一条　用人单位的工作人员因执行工作任务造成他人损害的，由用人单位承担侵权责任。用人单位承担侵权责任后，可以向有故意或者重大过失的工作人员追偿。

劳务派遣期间，被派遣的工作人员因执行工作任务造成他人损害的，由接受劳务派遣的用工单位承担侵权责任；劳务派遣单位有过错的，承担相应的责任。

《保险法》

第六十五条　保险人对责任保险的被保险人给第三者造成的损害，可以依照法律的规定或者合同的约定，直接向该第三者赔偿保险金。

责任保险的被保险人给第三者造成损害，被保险人对第三者应负的赔偿责任确定的，根据被保险人的请求，保险人应当直接向该第三者赔偿保险金。被保险人怠于请求的，第三者有权就其应获赔偿部分直接向保险人请求赔偿保险金。

责任保险的被保险人给第三者造成损害，被保险人未向该第三者赔偿的，保险人不得向被保险人赔偿保险金。

责任保险是指以被保险人对第三者依法应负的赔偿责任为保险标的的保险。

（雷　悦撰写）

二、平台多重分包下的责任主体

关 键 词：外卖骑手　职务行为　用人单位　侵权责任

典型案例：互联网平台配送人员因配送行为致人损害的责任主体认定

裁判要旨：从外卖员事发时所着外卖配送装备的统一外观特征、配送平台系统查询记录等证据能证明外卖员系在履行职务行为过程中造成他人损害的，应由用人单位承担相应的侵权责任。此外，无论平台采用何种用工方式，均不应轻易否定在侵权领域内职务行为的认定标准，而且从保护外部受害人的角度，平台内部各相关公司之间的约定不应轻易产生外部对抗的法律效力。

案情简介

2020年7月30日10时49分，在北京市朝阳区北京中医药大学第三附属医院门口，张某骑电动自行车和刘某相撞发生交通事故，刘某受伤，交通事故认定书认定张某负事故主要责任。刘某向法院提起诉讼，主张张某系外卖员，请求法院按照80%的比例判令某劳务服务公司（以下简称劳务公司）、某外卖快递公司（以下简称快递公司）、某在线科技公司（以下简称科技公司）支付刘某医疗费15 000元、护理费7200元、交通费6300元、营养费4500元、精神损害抚慰金10 000元、误工费6000元、鉴定费4550元、残疾赔偿金74 000元。张某认可其负事故主要责任，其称是专职外卖员，应由科技公司、快递公司、劳务公司承担连带赔偿责任。科技公司不同意承担赔偿责任，其称科技公司和快递公司已签订配送服务协议，约定由快递公司为其提供配送服务，且张某事发当天无送单记录，故不同意赔偿。科技公司提交和快递公司签订的配送服务合同中约定，由快递公司为科技公司在约定配送区域内提供配送服务，科技公司支付服务费，快递公司自行招聘配送服务人员，快递公司不得将合同约定的配送服务擅自委托、交付第三方进行配送。快递公司辩称，科技公司将外卖业务外包给快递公司，快递公司又外包给劳务公司，张某是个体工商户，故快递公司亦不同意赔偿。快递公司提交和劳务公司签订的外包服务合同中约定，快递公司将北京配送岗位外包给劳务公司，劳务公司应与其服务人员建立用工关系，和外包人员依法签订劳动合同，购买员工社保，依法向外包员工支付工资报酬等。劳务公司辩称，劳务公司和张某之间是外包承揽关系，没有劳动或劳务关系，故劳务公司亦不同意赔偿。劳务公司提交和张某签订的外卖配送承揽服务协议中约定，双方按接单情况结算费用，张某和劳务公司不存在劳动关系，张某在完成承揽业务时致其他第三方受伤，责任由张某自行承担。此外，劳务公司提交营业执照，证明张某是个体工商户。科技公司提交张某的接单记录以证明事发当天无送单记录。快递公司提交其系统查询截图，记载张某入职时间为2020年5月30日，离职时间为2020年8月20日，事发当天无订单记录。

一审法院经审理认为,首先,事发时张某着工作服,驾驶工作车辆,外卖送餐员工作时间不固定,快递公司等并未举证证明张某的正常上下班时间和休假时间,应认定系履行职务行为。其次,关于各公司是否应承担赔偿责任问题。(1)关于劳务公司是否应承担赔偿责任的问题。张某是快递公司外卖员,劳务公司虽主张其和张某间是承揽关系,但从劳务公司和快递公司签订的合同看,劳务公司应和与其服务人员建立用工关系,劳务公司应和张某签订劳动合同而未签订,应承担因此产生的不利法律后果,劳务公司作为张某的雇主应对刘某的合理损失进行赔偿。(2)关于快递公司是否应承担赔偿责任的问题。从快递公司和科技公司签订的合同看,双方约定由快递公司招聘配送服务人员,且配送服务不得擅自委托、交付第三方进行配送,即快递公司应和外卖员订立劳动或劳务合同,同理快递公司应和张某签订合同而未签订,也应承担相应不利法律后果,其就刘某的合理损失应和劳务公司承担连带赔偿责任。(3)关于科技公司是否应承担赔偿责任的问题。科技公司提交和快递公司签订的服务合同,证明由快递公司为其提供外卖送餐服务,科技公司仅支付服务费,故其不承担赔偿责任。据此,一审法院依照《民法典》第一千一百七十九条之规定,判决:(1)劳务公司、快递公司于判决生效后7日内给付刘某医疗费5825元、残疾辅助器具费1283元、护理费5040元、交通费2000元、营养费3150元、精神损害抚慰金3500元、残疾赔偿金48 604元,共计69 402元;(2)驳回刘某的其他诉讼请求。劳务公司、快递公司不服一审判决,提出上诉。劳务公司上诉主张劳务公司与张某间不存在劳动合同法律关系。张某是个体工商户,与劳务公司系外包承揽关系。张某当天没有进行送餐服务,张某工作不受时间限制,与劳动者受管理、受约束的特点完全背离,故请求改判不同意劳务公司承担赔偿责任。快递公司上诉主张劳务公司和快递公司系业务外包关系,快递公司和张某无任何法律关系,张某本人及本企业名下经营范围内有承揽外卖递送服务资质。刘某提交的现场照片无法确定是张某本人,张某于非工作期间发生事故,属于个人侵权行为,故亦要求改判不承担赔偿责任。

二审中,快递公司提交平台系统后台截图及支付交易截图欲证明科技公司实际上默许快递公司将业务外包。科技公司否认该证据的真实性,称其并未同意快递公司将业务进行转包。科技公司提交后台系统查询的张某历史签到记录,根据查询单显示,张某于事发当日在科技公司配送签到系统进行早签到。

张某认可事故发生时还未接到订单，但称打卡之后先进行晨会，张某是在骑车去商圈等单的途中发生的事故。

法院观点

本案争议焦点为：(1)张某是否系履行职务行为；(2)快递公司与劳务公司是否应就案涉事故承担赔偿责任。

第一，关于张某是否系履行职务行为的问题。根据科技公司提交的骑手签到记录，可以看出张某于事发当天进行早签到打卡，快递公司虽仍坚持张某事故当天无跑单记录、系个人侵权行为，但是其认可跑单骑手需在平台系统中进行开工验证、打卡。综合张某事发时所着外卖配送装备的外观特征、外卖配送员的工作性质及接单配送流程、事故发生时间等情形，二审法院认为张某所述打卡后在前往商圈骑行等单过程中发生交通事故符合常理，具有高度盖然性，一审法院认定张某事发时的行为系履行职务行为并无不当。

第二，关于快递公司与劳务公司是否应就案涉事故承担赔偿责任。(1)就劳务公司的责任承担。快递公司与劳务公司签订的外包合同中约定，劳务公司应与其服务人员建立用工关系、签订劳动合同。但是劳务公司违反合同约定未与张某签订用工合同，反而变相签订承揽服务协议，而且该协议虽名为承揽服务协议，但协议约定劳务公司对张某的具体服务质量要求扣罚标准及 KPI 考核，张某应在合同签订后提供其本人的身份证、健康证复印件和基本人事资料给劳务公司存档，并由劳务公司统一为张某办理配送佩戴标识、配送统一服装等。合同履行过程中，所有外卖骑手均需在系统登记信息，开工时需在系统认证、打卡签到，张某的报酬系根据跑单数量按月统一结算，即结合协议约定的相关内容、各方陈述、张某实际履行职务的情况看，应认定张某作为配送员具有人身属性上的确定性，具有被管理、被支配的属性，据此劳务公司作为张某的雇主应对此次交通事故中受害人的合理损失承担赔偿责任。(2)就快递公司应否承担责任。科技公司和快递公司签订的合同约定，快递公司不得将合同约定的配送服务擅自委托、交付第三方进行配送，快递公司需与其配送服务人员建立合法合规的用工关系。但是快递公司违反合同约定将业务擅自外包给劳务公司，应和张某签订用工合同而未签订，应和劳务公司就刘某的损失承担连带赔偿责任。

法官说法

随着近年来我国平台经济的高速发展,我国相关行业的劳动力就业形态发生了重大变化。外卖平台在规模扩张的同时,为了增强自身的竞争力、压缩人力成本、最大限度剥离和避免用工风险,骑手的用工模式也在这一目的的驱动下演进得错综复杂。本案例中反映出的用工模式系目前为止演进得最为复杂的一种用工模式,即上游外卖平台将外卖业务外包给配送商,由配送商统一进行日常的线下人工管理,配送商又将业务进行多次转包或分包,转包商或分包商在上游平台的成本挤压下在专送骑手不知情或缺乏法律意识的情况下将其注册成个体工商户,通过层层剥离,以达到最终的用工风险全部落到作为个体工商户的专送骑手身上的目的。上述用工模式大大增加了骑手的自身风险,亦加大了法院审理用工关系的难度。但是笔者认为无论平台采用何种用工方式、用工关系如何,能否达到真正的"去劳动关系化"的目的,均不应轻易否定对于外卖骑手在侵权领域内职务行为的认定标准,而且从保护外部受害人的角度,平台内部各相关公司之间的约定亦不应轻易产生外部对抗的法律效力。具体理由如下:

《民法典》第一千一百九十一条第一款规定,用人单位的工作人员因执行工作任务造成他人损害的,由用人单位承担侵权责任。用人单位承担侵权责任后,可以向有故意或者重大过失的工作人员追偿。首先,从主体分析,该条规定中的"用人单位"及"工作人员"不等同于劳动法域下的"用人单位"和"劳动者"。本条规定的用人单位这一概念虽是从《劳动法》和《劳动合同法》中借鉴而来,但其内涵和外延更广,除个人、家庭、农村承包经营户等主体外,《民法典》总则编所规定的各种法人形态及非法人组织,统称用人单位,而且不区分其与侵权人之间是否存在劳动关系。相对应的该条中所规定的"工作人员",应当包括但不限于劳动者,其所容纳的用工形态范围更广,不限于劳动关系、劳务关系等形态。其次,该条中判断用人单位承担侵权责任的核心是侵权人是否在执行用人单位的"工作任务"。就执行工作任务的判断标准,理论界认为主要有以下几个维度:(1)是否以用人单位名义;(2)是否在外观上须足以被认为属于执行职务;(3)是否依社会共同经验足以认为侵权人与用人单位职务有相当关联。

具体到本案中,第一,从外观特征而言,张某事故发生时身穿标有平台标志的服装，电动自行车后的置物箱上亦标有外卖平台的标志，同时结合事故认定书中侵权人的自述、事故现场照片等证据足以使外部受害人依据社会日常经验认定骑手系以平台名义从事送餐服务，并非以个人名义。因为相较于其他工种，骑手的职务行为与其外观特征的联系更具有天然的紧密性、更容易被外部受害人识别，故用人单位想证明骑手仅系个人侵权行为需要提交充分证据予以证明。第二，从相关类案情况看，受害人发生事故时无法知晓骑手的实际用人单位，仅能通过骑手自述或从工商信息中查询平台所属的公司起诉，在目前错综复杂的平台用工背景下，受害人对于平台内部的承包关系或转包关系更是无从知晓，从以往诉讼看，多数是平台公司向法院提供证据证明承包关系或转包关系进行追加。第三，尽管目前平台用工模式演进得极尽复杂，但从商业实践和司法实践看，也很难将骑手个人与平台之间的关系定义为平等民事主体之间的合同关系。例如，在本案中，平台的二级转包商劳务公司虽抗辩张某系个体工商户，具有独立的送餐资质，双方建立的法律关系系承揽关系，张某并不具有《民法典》第一千一百九十一条第一款规定的所谓“工作人员”的身份。但从承揽协议的约定内容和协议的实际履行情况看，张某作为外卖骑手需在平台系统统一登记个人信息，每日开工时需在系统认证、打卡，报酬系根据跑单数量按月统一结算，即结合张某实际履行职务的情况看，其作为骑手具有人身属性上的确定性，具有被管理、被支配的属性，与真正的承揽关系相去甚远。而且在本案和其他类案中，均有骑手反映并不知道被注册为个体工商户的情况，也不清楚所谓承揽协议签订的相关情况。据此，即使平台通过层层隔离达到了阻断自身作为用人单位的主体地位，但是仍不能免除其关联公司作为骑手的用人单位应承担的主体责任。

相关法律规范

《民法典》

第一千一百九十一条第一款　用人单位的工作人员因执行工作任务造成他人损害的，由用人单位承担侵权责任。用人单位承担侵权责任后，可以向有故意或者重大过失的工作人员追偿。

（高赫男撰写）

三、外卖骑手执行工作任务及责任承担主体的认定

关 键 词:新就业形态　外卖平台　骑手　侵权责任　工作任务　劳动关系

典型案例:外卖平台骑手因送餐发生交通事故致人损害责任纠纷案

裁判要旨:外卖平台骑手与平台经营者、合作用工企业之间的从属性认定应从人身依附性、骑手收入来源、管理程度等方面综合判断。平台经营者、合作用工企业为骑手投保商业三者险的,应依法根据保险合同约定确定保险人责任,以有效平衡平台经营者、合作用工企业、骑手、受害人以及保险公司各方利益,促进互联网外卖行业规范有序发展。

案情简介

2016 年 12 月 27 日 19 时 5 分,在北京市朝阳区朝阳路慈云寺桥东附近,外卖骑手刘某驾驶电动二轮自行车逆行将梁某撞伤,经交管部门认定,刘某负事故全部责任。梁某在事故中被撞伤,当即被送往北京朝阳急诊抢救中心住院实施手术治疗,诊断为尺桡骨骨折(右)、尺骨鹰嘴骨折(右),2017 年 1 月 12 日梁某出院,共住院 16 天。

梁某因此向人民法院起诉,要求判令刘某、甲公司、乙保险公司赔偿医疗费 135 513.27 元、住院伙食补助费 1600 元、营养费 10 600 元、残疾赔偿金 114 550 元、精神损害抚慰金 10 000 元、误工费 46 236 元、护理费 11 550 元、交通费 500 元、后续治疗费 10 000 元。《司法鉴定意见书》认定,梁某伤残等级为十级伤残,赔偿指数 10%,误工期为 90 ~ 180 日,护理期为 30 ~ 60 日,营养期为 60 ~ 90 日。

就此次事故的责任承担问题,原告梁某及被告刘某均主张事故发生时刘某系在为甲公司执行送餐工作,后因发生事故,甲公司将当时其执行的订单取消,但未就此进行举证。甲公司提交其与刘某签订的《兼职劳动合同》,证明刘某受聘期间执行非全日制工作制。乙保险公司提交被保险人为刘某的某外卖平台加盟商意外综合保险某款保险投保单、保险条款,证明根据其中的商业三者险合同,保险人对第三者人身伤亡或财产损失承担保险责任的条件是事故需发生在配送员执行配送服务过程中,且每次事故的赔付比例为 80%。

一审法院认为,刘某驾驶电动自行车逆行将梁某撞伤,经交管部门认定刘某负事故全部责任,刘某对事故责任认定不持异议,故梁某因此次事故所致合理合法损失,应由相应责任人承担赔偿责任。

就甲公司是否应作为刘某的用人单位承担侵权责任的问题,一审法院审查各方证据后认为,根据《兼职劳动合同》的约定及外卖送餐行业的特点,刘某在甲公司的工作执行的为非固定工作制,要根据甲公司的派单情况决定;梁某或刘某主张甲公司作为刘某的用人单位承担侵权责任,应当就刘某在事故发生时系为甲公司执行外卖送餐工作承担举证责任,在梁某及刘某均未就其主张进行初步举证的情况下,不能仅根据一方当事人陈述,即认定刘某在事故发生时系为甲公司执行工作任务。就乙保险公司是否应在保险责任范围内承担赔偿责任的问题,该责任承担的前提是事故需发生在配送员执行配送服务过程中,但在案证据尚不足以证明这一点,故综合上述因素,对梁某和刘某关于甲公司和乙保险公司应当承担赔偿责任的主张不予采信,梁某的各项合理合法损失应由刘某赔偿。原告梁某对一审判决不服,提出上诉。

二审法院补充查明:1. 涉案事故发生时,刘某驾驶安装有某外卖平台标识的送餐盒及送餐车辆、穿着某外卖平台标识的衣服进行外卖配送。2. 甲公司认可其承接某外卖平台在涉案区域的送餐服务,但否认事发时刘某正在执行职务行为。刘某承认其除在甲公司做送餐员,也在其他外卖平台接单,但只与甲公司签订了《兼职劳动合同》,某外卖平台仅通过甲公司向其派单。事故发生时,刘某正在派送甲公司派单的 4 单外卖,但由于发生交通事故,订单被转至其他送餐员,其未能留存证据。甲公司认可刘某仅能通过甲公司从某外卖平台接单,同时表示无法提供刘某发生事故当天派单转单情况。3. 涉案事故发生后,梁某的代理人、甲公司经理、刘某以及某外卖平台工作人员曾就梁某损失赔偿事宜进行协商。曾有该公司与梁某认可的代理人就是否进行伤残鉴定、医疗费、营养费、误工费、护理费等相关问题的协商内容。甲公司称上述协商内容是出于人道主义提出的补偿,不能以此证明刘某在事故发生时执行工作职务。

法院观点

首先,根据已查明的事实,甲公司与刘某之间并未约定具体工作时间。就涉案事故发生时间看,该期间属于外卖订餐派送业务较多的时间区间。其次,涉案事故发生时,刘某驾驶安装有某外卖平台标识送餐盒的送餐车辆,穿着某外卖平台标识的工服进行外卖配送,虽甲公司称涉案事故发生时刘某并未为甲公司送餐,但就本案现有证据并不足以证实甲公司该项主张,其作为派单公司未提供相反证据证明刘某当天的派单、转单情况以对其主张予以充分举证;虽然刘某存在在其他外卖平台接单的情况,但也无证据表明刘某在事故发生时系为其他外送平台提供送餐服务。最后,根据甲公司认可真实性的录音内容,事故发生后,梁某代理人、录音中所称的甲公司经理及甲公司本案委托代理人,以及刘某曾就梁某鉴定、相关损失赔偿问题进行协商,甲公司亦就愿意赔偿梁某相关损失作出过意思表示,虽甲公司称该行为属出于人道主义的补偿,但在谈话中并未体现这种倾向,主要是就赔偿事项进行的协商,其主张亦与常理不符。

《侵权责任法》(已失效)第十六条、第二十二条、第三十四条第一款之规定,用人单位的工作人员因执行工作任务造成他人损害的,由用人单位承担侵权责任。故综合上述情况,二审法院认定涉案事故发生时刘某系为甲公司进行送餐服务,该事故经确认为刘某全责,甲公司应当为此承担侵权责任。刘某主张与甲公司共同承担赔偿责任,对此二审法院不持异议。甲公司与乙保险公司权利义务关系如有争议,可另行解决。

综上所述,二审法院作出终审判决:撤销一审判决;刘某、甲公司于本判决生效后10日内赔偿梁某医疗费135 513.27元、住院伙食补助费1600元、营养费7500元、残疾赔偿金114 550元、精神损害抚慰金5000元、误工费34 677元、护理费6900元、后续治疗费10 000元;驳回梁某的其他诉讼请求。

法官说法

随着互联网餐饮行业的快速发展壮大,“外卖”已经逐渐成为我们生活中不可或缺的部分。作为平台经济下新就业形态的典型代表,在互联网外卖行业中,“平台+个人”的新型用工模式极大地调动了从业者的积极性。

与此同时,算法主导、多劳多得、准时配送、按单结算等机制的共同作用下,因外卖骑手急于完成配送而引发的交通事故数量与日俱增,由此带来的一个法律问题是,外卖骑手造成第三人损害的民事责任应当由谁来承担。

一、外卖骑手致第三人损害的司法裁判现状

实践中,外卖平台的配送经营模式包括众包配送模式、自营配送模式与代

理配送模式等。各大外卖平台通常选取两种或两种以上的配送模式相结合的方式以实现更好的配送服务。不少外卖平台都在尝试“去劳动关系化”，规避外卖人员可能因侵权给平台造成的损害赔偿责任。

梳理现有的司法裁判可知，如果骑手与外卖平台经营者直接签订了劳动合同，则骑手属于外卖平台经营者的员工，其在执行工作任务过程中造成他人损害的，应由作为用人单位的外卖平台经营者承担赔偿责任。当外卖平台采取灵活用工模式，与外卖骑手不直接签订劳动合同，而是采取众包的模式招募骑手，双方间可能存在的法律关系需要根据具体事实进行认定。更多情况下，外卖平台通过在不同区域转包送餐服务给合作公司，骑手则通过合作公司签约等方式提供服务，并没有与平台经营者建立直接的用工法律关系，本案即这种情形。这类案件中通常由合作用工企业承担赔偿责任，而非外卖平台直接承担。

二、互联网灵活用工新模式下的利益平衡理念

在互联网灵活用工的新模式下，外卖平台经营者或与骑手之间不签订劳动合同或将配送服务转包给合作公司，由其与骑手建立用工关系，此类做法看似不符合全面保护劳动者的理念，但也是相关方对自身利益经慎重考量达成的结果。对外卖平台经营者而言，灵活用工模式的发展使得企业能够根据消费者的需求及时增减订单，灵活地降本增效。对骑手而言，灵活用工模式使得骑手可以自由地选择工作时间和地点，从而更具独立性和自主性。对社会而言，灵活用工模式有助于促进就业以及劳动力资源的有效配置，从而实现整体效率的提升。

由此可见，新型灵活用工模式作为平台经济的产物，其本身就贯彻着利益平衡理念，因此在处理灵活用工模式下外卖骑手致第三人损害的问题时，也应坚持此种平衡思维，摒弃“一刀切”的认定思路，综合考虑平台商业利益和劳动者权益保护问题。简言之，虽然外卖平台经营者的经济能力与赔偿能力都大于外卖骑手，且看似外卖平台经营者对外卖骑手的侵权行为承担相应责任更符合救济受害人的法理，但此种做法实质上混淆了侵权法系“矫正正义”而非“分配正义”的功能定位，且不利于外卖行业的有序发展。但如果外卖平台经营者一律不承担责任，则势必会造成外卖骑手责任过重，对受到损害的当事人来说，赔偿主体的缺失也会导致理赔难，亦不符合保护劳动者权益的制度初衷，也无助于外卖行业的长远发展和社会秩序的稳定维持。

故在个案中要通过利益平衡理念确定外卖骑手致第三人损害的责任承担

问题,明确案件侵权行为的主体责任认定问题,既要保护被侵权人的人身财产权益,依法保障新业态劳动者群体的合法权益,又要充分发挥灵活用工模式的优势,督促平台经济企业规范用工,促使平台经济持续健康发展。

三、骑手与平台侵权责任分配的类型化分析

利益平衡理念的贯彻离不开类型化的方法。对于自营骑手、众包骑手与代理配送骑手而言,其对平台经营者或合作用工企业的从属性程度各不相同,因此在造成第三人损害时,相应侵权责任的承担也应有所区别。

对自营配送模式下的骑手而言,由于其与平台经营者之间大多存在劳动关系,根据《民法典》第一千一百九十一条第一款的规定,平台经营者应对外承担侵权责任,但对具有故意或重大过失的骑手享有追偿权。对于众包配送模式下的骑手,部分骑手系通过劳务派遣方式从事外卖配送的,根据《民法典》第一千一百九十一条第二款的规定,劳务派遣期间骑手执行工作任务造成他人损害的,平台经营者(用工单位)应当承担侵权责任,而那些不属于劳务派遣的骑手则与平台经营者之间不存在直接的法律关系,故平台经营者原则上无须担责。

对于代理配送模式下的骑手,骑手通过第三方承包等方式提供服务,并没有与平台经营者建立直接的用工法律关系,因此这类案件中有的是由合作用工企业承担赔偿责任,而非外卖平台直接承担。在这种模式下,需要根据骑手与第三方合作公司的法律关系,来判断侵权责任的承担。当骑手与第三方合作公司建立劳动关系时,则根据《民法典》第一千一百九十一条第一款的规定,第三方合作公司作为用工单位需承担侵权责任。当骑手与第三方合作公司构成雇佣、承包等关系时,则需要认定骑手发生交通事故时是否在从事第三方合作公司的派发的送单任务。订单高峰时期的工作时间、统一标识的制服和装备、已接收的订单和即将派送的订单的情况,亦可作为判断骑手执行的工作任务属于哪家公司的依据。相应地,证明骑手并非为本公司工作,则需要提供相应的派单、转单情况等反证加以反驳。本案中,从涉案事故发生时间看,该期间属于外卖订餐派送业务较多的时间区间,刘某的陈述前后一致且具备合理性;骑手驾驶安装有某外卖公司标识送餐盒的送餐车辆,穿着某外卖公司标识的工服进行外卖配送,足以形成刘某是执行这一外卖平台工作任务的初步判断;外卖平台的合作公司未能提供反驳证据推翻骑手从事该公司外卖工作的事实,且后续亦

有相关赔偿协商的情况。因此应当认定发生交通事故时刘某正在执行甲公司的工作任务，甲公司理应承担赔偿责任。

与此同时，根据本案争议的事实需要提示的是，外卖平台方和骑手方均应在事故发生后第一时间留存电子证据，保留派单、转单、执行订单、订单沟通情况的痕迹。对于不易固定的电子证据，应整体、全面、清晰地进行截图、录屏保存。同时可以保存相应的沟通录音在庭审中加以佐证。

在法律适用层面，需特别指出，当本没有明确劳动关系的骑手对外卖平台、合作用工企业的从属性由弱变强时，可能会使骑手与平台经营者、合作用工企业之间成立事实上的劳动关系，从而可能适用替代责任。通常而言，从属性包括人身从属性、经济从属性和组织从属性。在骑手与平台经营者、合作用工企业之间的从属性的认定上，应区分强从属性与弱从属性，并结合以下因素进行具体判断：第一，审查骑手与平台经营者、合作用工企业之间是否存在较强的人身依附性，例如骑手是全职还是兼职、工作时间长短等。第二，审查骑手的经济收入是否主要来源于外卖平台经营者、合作用工企业，以明确二者之间是否存在经济上的从属性。第三，审查平台经营者、合作用工企业对骑手的管理程度，但是此种判断不应当仅从形式层面判断是松散管理还是紧密管理，而应当从平台经营者对配送过程的监督、指挥、对客户投诉的处理、惩戒措施等，对组织从属性的强弱进行综合判断。

此外，除了通过具体用工模式来确定个案中外卖骑手致第三人损害的民事责任承担问题外，外卖平台经营者、合作用工企业为骑手投保商业三者险也是解决之道。保险合同约定赔偿要件和赔偿范围，并明确在特定情况下由保险公司承担赔偿责任。这样可以有效平衡平台经营者、合作用工企业、外卖骑手、受害人以及保险公司等各方利益，既能够激励平台创新、防止平台经营者承担过重的法律责任，又能够充分救济受害人，及时高效化解矛盾纠纷，从而促进互联网外卖行业的规范有序发展。

相关法律规范

《民法典》

第一千一百九十一条　用人单位的工作人员因执行工作任务造成他人损害的，由用人单位承担侵权责任。用人单位承担侵权责任后，可以向有故意或者重大过失的工作人员追偿。

劳务派遣期间，被派遣的工作人员因执行工作任务造成他人损害的，由接受劳务派遣的用工单位承担侵权责任；劳务派遣单位有过错的，承担相应的责任。

（尚晓茜　管泽亚撰写）

四、非雇主责任情形下的网络平台责任

关 键 词：网络平台　连带责任　雇佣关系　消费者权益保护

典型案例：网络平台应对代驾司机提供返程拼车服务中产生的损害承担连带赔偿责任

裁判要旨：拼车车主利用网络平台提供返程拼车服务的过程中使用了套牌、报废车辆发生交通事故致乘客人身受损，该行为虽并非基于网络平台直接发生的侵权行为，但属于违法行为且客观上增加了运营风险，侵害了消费者的合法权益。网络平台对拼车车主驾驶的车辆不符合安全上路条件未能尽到审核、管理义务，属应知服务者利用其平台侵害消费者合法权益，未采取必要措施，故依据《消费者权益保护法》第四十四条第二款，网络平台应与拼车车主对受害人代驾司机（乘车人）之损失承担连带赔偿责任。

案情简介

李某驾驶肇事车辆与梁某、乔某驾驶的小客车发生交通事故，造成李某及肇事车辆内乘车人徐某受伤。经交警认定，李某负事故的全部责任，梁某、乔某无责任。事故发生后，徐某被评定脾切除构成伤残。徐某提交了某代驾平台公司驾驶员合作协议一份，用以证明其与代驾平台公司存在雇佣关系。代驾平台公司称对徐某证明目的不认可，代驾平台公司仅提供信息服务，双方并非劳动或劳务关系，协议中也没有任何关于回程、接送的约定。李某提交了其手机上的 App 页面打印件一组，用以证明其受雇于代驾平台公司，并称自 2014 年 1 月起，代驾平台公司每月给李某这样的接送代驾员的司机发放 600 元，李某还没有开始领，就发生了本案事故。代驾平台公司称没有李某所说的情况，称其提

供的是信息服务。

徐某陈述其为某代驾平台司机,成为某代驾平台司机需要办入职、培训,向公司交手机钱和号钱,公司发的某品牌手机,开通手机号的时候就有了返程车,现在叫“××拼车”。在某代驾平台司机端发布公告后,徐某下载了该款软件,在某代驾平台司机端点“返程”,在“××拼车”中就能看到司机的位置,在某代驾平台司机端点了“返程”之后能互相看到对方,也能互相联系,点一下之后电话就直接拨出去了,可以通过支付宝、现金、扣信息费三种方式付费,信息费是由某代驾平台公司扣的。二审庭审中,徐某申请对李某持有的某某牌移动手机中某拼车软件的所有者、发布者、维护者、操作者进行鉴定。法院依法确定中国检验认证集团北京有限公司进行鉴定,鉴定意见为:某拼车软件的所有者、发布者、后台维护者和操作者为代驾平台公司。经查,“××拼车”的所有人是北京甲公司,代驾平台公司是北京甲公司的全资投资人。

李某陈述其系经人介绍从事某代驾平台返程车服务,负责的范围为望京、酒仙桥、机场,收费标准是代驾平台公司确定的,由代驾平台公司在某代驾平台司机端发布公告;其曾经与代驾平台公司签过合同,代驾平台公司未将合同返还给李某;签订合同时,李某提交其驾驶执照、车辆行驶证、保险单;李某驾驶的肇事车辆曾被外迁到甘肃,当地不接收,又返回北京某汽车市场销售的,使用的车牌是外迁之前的车牌。车辆保险于2013年7月到期后因不能在北京投保,未再续保。

一审法院判决认定:机动车发生交通事故造成人身伤亡、财产损失的,由保险公司在保险责任限额范围内予以赔偿,保险赔偿范围以外的部分由交通事故责任人予以赔偿。本案中,李某负事故的全部责任,甲保险公司、乙保险公司承保的车辆在事故中无责任,故甲保险公司、乙保险公司仅在交强险无责任赔偿限额范围内承担赔偿责任。徐某、李某主张李某系受雇于代驾平台公司且事故发生时李某系履行职务行为,证据不足,法院不予采信。一审法院依据《道路交通安全法》第七十六条之规定,判决:(1)甲保险公司于判决生效后7日内赔偿徐某医疗费、伤残赔偿金12 000元;(2)乙保险公司于判决生效后7日内赔偿徐某医疗费、伤残赔偿金12 000元;(3)李某于判决生效后7日内赔偿徐某医疗费、误工费、精神损害抚慰金、伤残赔偿金等共计541 058.88元;(4)驳回徐某的其他诉讼请求。

徐某不服一审判决，上诉至北京三中院，请求代驾平台公司承担连带责任。理由如下：徐某、李某使用的均为代驾平台公司提供的软件，相关软件只能在代驾平台公司特定的手机上使用。案发当晚2人系通过代驾平台公司的软件平台取得联系，代驾平台公司应当承担赔偿责任。代驾平台公司选择李某作为返程车驾驶员，未对李某进行安全培训，未对李某提供车辆的安全合法性进行严格审查，在本案的审理过程中，徐某方知晓李某驾驶的肇事车辆几经转手均未办理过户手续，且该车辆保险也早已过期，代驾平台公司主观上存在过错，与李某构成共同侵权，应当承担连带责任。

法院观点

二审法院认为，首先，根据现有证据能够认定李某系代驾平台公司的合作返程拼车司机。理由为：其一，李某提供的手机品牌、型号与代驾平台公司认可的合作代驾司机徐某持有的以及证人张某所述的代驾平台公司发放的手机品牌、型号一致；其二，李某手机中的某拼车软件系该手机中独有的软件，通过网络并未发现有可以自行下载的途径；其三，李某手机中的某拼车软件，经依法鉴定，能够认定该软件的所有者、发布者、后台维护者和操作者为代驾平台公司。其次，现有证据前后衔接，已经形成了比较完整的证据链，可以使法院确认徐某、李某于事发当晚分别通过某代驾平台司机端、某拼车软件获取对方信息、取得联系这一事实具有高度盖然性。最后，在前述事实认定的基础上，代驾平台公司与李某应对本次交通事故造成徐某的各项损失承担连带责任。代驾平台公司作为网络交易平台提供者，未能尽到审核、管理之义务，属应知服务者利用其平台侵害消费者合法权益，未采取必要措施的情形。结合对代驾平台公司与李某之间法律关系的分析，代驾平台公司的义务范围、过错程度及其过错与本次交通事故之关联性等因素，从价值判断及利益衡平的角度出发，应判令代驾平台公司与李某对本次交通事故所造成徐某之各项损失承担连带赔偿责任。

二审法院判决：(1)维持一审判决第一项、第二项；(2)撤销一审第四项；(3)变更一审判决第三项为：李某于本判决生效之日起7日内赔偿徐某医疗费、误工费、精神损害抚慰金、伤残赔偿金共计541 058.88元，代驾平台公司对此承担连带赔偿责任；(4)驳回徐某的其他诉讼请求。

法官说法

一、拼车(顺风车)车主与网络交易平台之间的法律关系

本案中出现的“××拼车”,是某代驾平台为某代驾平台司机执行代驾任务后返程提供的一种拼车服务,拼车车主驾驶自有车辆在某代驾平台指定的区域内为某代驾平台司机提供返程拼车服务。“××拼车”的车主和代驾司机通过代驾平台提供的软件进行信息对接,收费标准由代驾平台制定,代驾平台给拼车车主每月一定的补贴。“××拼车”只是针对与某代驾平台合作的司机推出的服务,方便司机接完单后返程。“××拼车”根植于顺风车,乘客只需分摊油费及感谢费,所以费用更低,却可享受点到点的私车服务。《国务院办公厅关于深化改革推进出租汽车行业健康发展的指导意见》第十条规定,私人小客车拼乘业务,也称为拼车、顺风车,是由合乘服务提供者事先发布出行信息,出行线路相同的人选择乘坐合乘服务提供者的小客车、分摊部分出行成本或免费互助的共享出行方式。从上述规定的逻辑来分析,拼车和顺风车的本质是相同的,都属于私人小客车拼乘业务。

关于“××拼车”的车主与网络平台之间的法律关系,存在是否属于雇佣关系的争议。在我国司法实践中,“考察雇佣关系是否成立,主要看以下几点:(1)双方是否有雇佣合同(包括口头合同);(2)雇员是否获得报酬;(3)雇员是否以提供劳务为内容;(4)雇员是否受雇主的控制、指挥和监督。其中第(3)、第(4)点是确认雇佣关系的核心。”我们认为,虽然“××拼车”的服务范围受到了一定限制且网络平台会给予拼车车主一定的补偿,但是不影响网络平台与拼车车主之间尚未产生较强的控制力、不构成雇佣关系的认定。本案中,能够认定李某系在代驾平台公司所开发的某拼车平台上登记注册的返程拼车司机,但是鉴于上文关于拼车车主与网络平台之间不构成雇佣关系的分析,李某作为拼车车主,驾车中产生交通事故导致乘车人徐某受损,其作为承运人首先应当承担侵权责任,网络平台并不基于《民法典》第一千一百九十一条关于雇主的替代责任规则而对受害人承担侵权责任。

二、网络平台向乘车人承担侵权责任的法律依据和论证逻辑

关于网络交易平台的责任承担问题,存在较大争议,我们认为,网络平台在交易中因其重要性和参与交易的程度,决定了其不仅仅是居间人角色,其应以

过错责任原则为依据，在法律责任范围内承担与其地位相适应的责任义务。

《消费者权益保护法》第四十四条第二款规定：“网络交易平台提供者明知或者应知销售者或者服务者利用其平台侵害消费者合法权益，未采取必要措施的，依法与该销售者或者服务者承担连带责任。”消费者合法权益的范围是一个广泛的概念，既包括消费者的财产权，又包括消费者的知情权和选择权。网络交易平台在提供顺风车服务时应当履行相应的义务，结合《网络预约出租汽车经营服务管理暂行办法》第十二条、第十七条的规定，网络平台对顺风车车辆适驾性审查应主要包括以下具体内容：(1)车辆为7座及以下乘用车；(2)安装具有行驶记录功能的车辆卫星定位装置、应急报警装置；(3)车辆技术性能符合运营安全相关标准要求；(4)车辆具有法律规定应当具有的相关保险。拼车车主驾驶不符合要求的车辆为乘车人提供拼车服务，直接侵害了乘车人作为消费者的知情权和选择权，即如果乘车人知悉该拼车车主提供的车辆不符合安全行驶的要求，则其在拼车时按照理性人之标准当然不会选择这一危险车辆。网络平台未尽审核义务，致使不符合要求的车辆进入服务平台为乘车人提供拼车服务，可以认定网络平台具有重大过失（此时已经不是一般过失的问题），同时可以认定网络平台对于服务者（拼车车主）侵害消费者（乘车人）的情形属于应知，对于服务者（拼车车主）造成消费者（乘车人）的损害，网络平台应当与服务者（拼车车主）承担连带责任。

本案中，李某利用拼车平台使用套牌且无法投保的车辆提供返程拼车服务，本身属于违法行为且客观上增加了运营风险，侵害了消费者的合法权益。代驾平台公司作为网络交易平台提供者，未尽审核、管理之义务，具有重大过失，属于应知服务者利用其平台侵害消费者合法权益而未采取必要措施，代驾平台公司与李某对徐某之各项损失应当承担连带赔偿责任。

三、网络平台承担的连带责任与补充责任之区分适用

需要注意的是，在确定网络平台责任时，需要首先确定网络平台的安全保障义务事项及其主观过错。网络平台安全保障义务的内容，根据审核、管理的难易程度又可以区分为不同的层级，并可依此确定网络平台的主观过错程度。例如，关于车辆的技术性能是否符合运营安全的标准、车辆是否具有法律规定的相关保险，只要网络平台尽到了基本的审核和管理，即可将不适格车辆排除在顺风车之外；如果网络平台对车辆根本未予审核，放任不合格车辆进入网络平台，属于放任风险的发生，则其主观上即具有重大过失，推定其应知服务者侵害了消费者的合法权益并承担连带责任。再如，网络平台应当对人车线上线下一致性进行审查，该处的审查需要依靠一定的技术手段。如果网络平台采取了一定的技术手段，但是该种技术存在漏洞被不法分子利用，此时只能认定网络平台履行了审核、管理职责但是并不到位，其主观上应为一般过失，在法律适用上无法推出其应知服务者侵害了消费者的合法权益而未采取必要措施，无法适用连带赔偿责任，依据《民法典》关于安全保障义务的规定，适用相应的补充责任更为妥当。

相关法律规范

《消费者权益保护法》

第四十四条第二款　网络交易平台提供者明知或者应知销售者或者服务者利用其平台侵害消费者合法权益，未采取必要措施的，依法与该销售者或者服务者承担连带责任。

（刘　栋撰写）

五、货物运输中的责任主体

关 键 词：平台下单　承运人的认定　承运人责任

典型案例：打车 App 平台应承担的责任不应扩大为承运人责任

裁判要旨：托运人在某打车 App 平台上下单运输货物，货物发生火灾损失后，实际货运司机应承担承运人责任，运营某打车 App 平台的天津甲货运服务有限公司应承担的是平台责任，不能扩大为承运人责任。

案情简介

甲公司系某打车 App 的经营者。乙公司向丙公司购买 38 台某品牌仪器，单价 6900 元，金额共计 262 200 元。上述设备由义乌托运回北京后，乙公司委托案外人王某代办托运，王某在某打车 App 下订单托运上述货物。订单信息显示：接单司机张师傅。随后货物在运输过程中发生火灾。北京市大兴区消防支队出具火灾事故认定书，载明张某驾驶的小货车在行驶过程中发生火灾，造成小货车及运输的货物（某品牌仪器）受损。各方确认因火灾烧毁乙公司运输的28台某品牌仪器。涉案订单司机端显示：订单收入444元，货物保障-1元，信息费-20元，本单总收入423元。2019年2月28日19时24分24秒，已送回货款，客户已确认。

各方确认，司机张某为涉案货物投保了某保险公司的货物损失险，总保费0.2元，总保额5万元。乙公司确认2019年12月5日，保险公司已向其赔偿保险金额5万元。

关于甲公司与张某之间的关系，张某提交其与甲公司的服务协议截图，显示：甲公司对司机在服务前、服务中、服务后的要求以及司机处罚制度，其中司机服务不规范部分，损坏、丢失客户物品的惩罚措施为司机个人承担20%赔付金额，警告教育，平台保留根据约定及法律规定向司机追究违约责任及刑事责任的权利。甲公司对张某提交的上述服务协议截图真实性不予认定，并提交其于下单时需要签署的《某打车货物托运居间服务协议》，载明：本协议下托运人与某打车平台之间系居间服务合作关系，某打车平台为居间服务提供方，实际提供承运服务的司机与托运人构成运输服务合同，司机为承运人。甲公司提交了其已公证的司机在注册时需要签署的《某打车信息服务协议》，载明：甲方为运输服务提供方，乙方为货物运输信息提供方，双方之间形成信息服务使用和提供关系，双方之间未形成任何劳动或劳务关系。就司机与甲公司就运输货物损坏、丢失的责任承担问题，张某还提交了其与甲公司客服的通话记录予以佐证。

乙公司向一审法院起诉请求：（1）要求甲公司、张某赔偿28台某品牌仪器的经济损失193 200元；（2）诉讼费用由甲公司、张某承担。

一审法院认为，根据法律规定，货物运输合同是承运人将货物从起运地点运输到约定地点，托运人或者收货人支付运输费用的合同。承运人应当在约定期间或者合理期间内将货物安全运输到约定地点。承运人对运输过程中货物的毁损、灭失承担损害赔偿责任。本案的争议焦点在于判断货物运输合同的承运人问题。首先，乙公司与司机张某之间互不相识，乙公司基于对甲公司的信任在某打车平台下单，且各方确认实际承运的车辆上贴有某打车平台的统一标识,因此就其理解的承运人为甲公司。其次,甲公司虽然主张客户在下单前签署的协议中明确约定甲公司为居间方,但经法院当庭登录某打车 App,客户在下单前无须阅读协议即可直接下单,因此甲公司主张以在其 App 上签署的协议确定双方法律关系的意见,一审法院不予采信。综上,一审法院认为甲公司以其与乙公司之间系居间合同关系进行抗辩,证据不足,一审法院不予支持。关于甲公司与张某之间的权利义务关系,虽然张某提交的服务协议系手机截图,但甲公司提交的协议在司机注册时亦无须阅读相关协议,且张某提交了相应的录音证据予以佐证,考虑到张某作为直接的运输司机对于乙公司的损失亦具有一定的过错,故一审法院对甲公司与张某之间的责任依法予以酌定。一审法院判决甲公司赔偿乙公司损失 114 560 元,张某赔偿乙公司损失 28 640 元。一审判决后,甲公司不服一审判决提出上诉。上诉请求:1. 依法撤销一审判决,依法驳回乙公司要求甲公司承担责任的全部诉讼请求,改判甲公司不承担责任。2. 依法判决乙公司承担本案全部诉讼费用。

法院观点

本案的争议焦点为甲公司与乙公司之间是否形成货物运输合同关系。也就是甲公司是否系本案中货物运输合同的承运人问题。

根据查明的事实,本案中乙公司通过案外人王某在某打车 App 下订单托运涉案货物。王某在接受本庭电话询问时表示其并非第一次使用某打车 App,而根据 App 用户注册并使用某打车 App 账号的过程看,客户在下单前应当首先阅读并点击同意甲公司上传页面的《某打车货物托运居间服务协议》及《个人信息保护及隐私政策》后方可进行下一步的手机登录,之后再进行下单。由于案外人王某在当日通过登录某打车 App 已完成了相关订单服务,说明其已认可并接受甲公司的《某打车货物托运居间服务协议》申明的与某打车平台之间构成平等民事主体间的信息服务合作关系,与实际承运服务的司机构成运输服务合同的约定内容。根据上述协议的约定,王某使用某打车可获取的服务仅为普通货物运输信息服务,乙公司在一审法院审理中亦认可实际承运人为张某,故乙公司与甲公司之间形成的是居间服务合同关系。一审法院认定乙公司与甲公司之间系货物运输合同关系并判决甲公司承担赔偿责任不当,对此本院予以纠正。

根据《合同法》第三百一十一条“承运人对运输过程中货物的毁损、灭失承担损害赔偿责任，但承运人证明货物的毁损、灭失是因不可抗力、货物本身的自然性质或者合理损耗以及托运人、收货人的过错造成的，不承担损害赔偿责任”之规定，张某未将货物安全运输到约定地点，且未提交证据证明其具有前述法律规定的免责事由，应当承担赔偿责任。

对于赔偿金额问题，根据法律规定，货物的毁损、灭失的赔偿额，当事人有约定的，按照其约定；没有约定或者约定不明确，依照《合同法》第六十一条的规定仍不能确定的，按照交付或者应当交付时货物到达地的市场价格计算。乙公司提交的证据已经能够初步证明涉案货物到达地的市场价格为 6900 元/台，虽然甲公司与张某不予认可，但未提交相反证据予以反驳，故本院对乙公司所主张的市场价格予以采信。对于保险公司已经赔偿的 5 万元款项，应当在赔偿金额中予以扣减。据此，本院撤销一审判决第一项、第三项，改判张某于判决生效之日起十五日内赔偿乙公司损失 143 200 元。

法官说法

随着互联网经济的蓬勃发展，一系列平台型企业如雨后春笋般涌现，如网约车平台、外卖点餐平台、购物平台，等等，而经济运行发展到一定阶段，在法律尚待完善的情况下，各经济主体间发生纠纷是不可避免的，那么此时消费者的权益如何保护、平台应承担何种责任是互联网经济发展以来法律实务界和理论界一直探讨的话题。本案中，某打车 App 系甲公司运营的提供拉货、搬家、运东西等短途货运及交易服务的平台。本案的消费者从某打车 App 下单后，货物在运输过程中发生火灾，货运司机和甲公司分别应该承担什么样的责任成为本案的焦点问题。有观点认为此情况下应适用《网络预约出租汽车经营服务管理暂行办法》的规定，甲公司应承担承运人的责任，我们持不同意见，本文从以下三方面进行论述。

首先，从实际的承运关系看，本案的实际承运人系司机张某而非某打车 App 平台。《民法典》第八百三十二条规定，承运人对运输过程中货物的毁损、灭失承担损害赔偿责任。但是，承运人证明货物的毁损、灭失是因不可抗力、货物本身的自然性质或者合理损耗以及托运人、收货人的过错造成的，不承担损害赔偿责任。货物运输的承运人应为承担有独立民事责任的自然人或者法人、将货物从起运地点运输到约定地点，托运人或者收货人向其支付运输费用的主体。本案中，承担运输合同的主体应为司机张某，而非某打车 App 平台。

其次，从外部表现的形式看，承运合同的签订主体亦非托运人乙公司与某打车 App。根据 App 用户注册并使用某打车 App 账号的过程看，客户在下单前应当首先阅读并点击同意甲公司上传页面的《某打车货物托运居间服务协议》及《个人信息保护及隐私政策》后方可进行下一步的手机登录，之后再进行下单，而《某打车货物托运居间服务协议》明确申明了下单用户与某打车平台之间构成的关系系平等民事主体间信息服务合作关系，与实际承运服务的司机构成运输服务合同的相关内容。作为非第一次使用某打车 App 下订单托运涉案货物的本案托运人，在其完成相关订单服务时，说明其已认可并接受甲公司的上述申明。

最后，从司机与平台的关系看，双方亦非存在劳动关系。本案中，张某与甲公司并未签订劳动合同。即使双方存在张某所主张的服务协议，其中包含甲公司对司机在服务前、服务中、服务后的要求以及对司机的处罚制度、惩罚措施：司机个人承担 20% 赔付金额，警告教育等，该协议并不能认定双方系劳动关系，因此，甲公司不能作为张某的外部承担责任主体承担承运人应该承担的责任。而且，从双方的盈余比例的约定来看，司机端显示，订单收入 444 元，货物保障 -1 元，信息费 -20 元，本单总收入 423 元。甲公司收取的费用为信息费 20 元，而司机张某的收入为 423 元，双方收入比例差距甚大，如果让甲公司承担承运人的责任，结果有失公平。

平台型企业的发展壮大有利于中国数字经济的快速发展，也为将来各互联网平台间的互通互联打下基础。在互联网平台的发展期，有些问题需要通过技术手段解决，有些问题有赖于法治环境的完善，需要用法治方式进行规范。在法律规定尚待完善的情况下，通过一些案例，对发展阶段的小微平台企业的法律关系进行梳理和规范，更利于数字经济的发展和平台规则的构建。《网络预约出租汽车经营服务管理暂行办法》是基于保护乘客人身财产安全的角度，规范出租车和平台的客运行为，并在一定程度上认为网约车平台公司是承运人，应为乘客购买保险等。而货运平台企业中，如苛责其承担和客运行为一样的责任，即作为承运人承担合同责任，既与各方当事人之间的合同约定不符，也不利于平台企业的发展壮大。因此，法院从保护和壮大共享经济的发展出发，认定了甲公司应承担平台责任,是正确的。

相关法律规范

《民法典》

第八百三十一条　收货人提货时应当按照约定的期限检验货物。对检验货物的期限没有约定或者约定不明确,依据本法第五百一十条的规定仍不能确定的,应当在合理期限内检验货物。收货人在约定的期限或者合理期限内对货物的数量、毁损等未提出异议的,视为承运人已经按照运输单证的记载交付的初步证据。

第八百三十二条　承运人对运输过程中货物的毁损、灭失承担赔偿责任。但是,承运人证明货物的毁损、灭失是因不可抗力、货物本身的自然性质或者合理损耗以及托运人、收货人的过错造成的,不承担赔偿责任。

（王　黎　赵　纳撰写）

第三章　网络信息发布相关法律问题

一、网络残留信息引发的侵权问题

关 键 词：自媒体平台　未删除图片　肖像权

典型案例：自媒体等网络空间中公民的肖像保护与合理使用问题

裁判要旨：在互联网、大数据高速发展的背景下，侵权行为的违法性应结合技术特点以法益衡量进行认定。网络图片具有可以长期留痕以及通过网络检索得以再现的特点，随时有被他人浏览、评阅、传播的可能，网络空间中对肖像的使用不局限于“推送”“发布”，持续留存于自媒体平台是肖像使用的基本形式。

原代言公司与代言人协议解除后，此前在微博、微信等自媒体平台发布的代言图片未予删除，属于“使用”原代言人肖像，构成侵权。

案情简介

刘某系知名运动员。某汽车贸易公司系以汽车进口、销售、服务等为经营范围的有限责任公司。自2012年1月起，刘某与某汽车贸易公司等签订《合作协议》，刘某成为某汽车贸易公司的代言人。《合作协议》就各方合作事项、服务费及付款条件、保密事项、专有权利等进行了约定，同时约定对于本协议期限届满时或本合同提前终止时已流通到市场上的，载有刘某肖像、声音以及肖像、姓名和声音的组合的有关产品或其宣传品或广告，某汽车贸易公司需在规定时间内消化该等宣传品或广告以及处理有关产品。该等消化不得超过本协议期限届满或提前终止之日起3个月。

双方合作期间，某汽车贸易公司分别在其认证的新浪微博账号、微信账号发布文章，并配以经过加工的刘某图片。2015年4月20日，某汽车贸易公司发出代言关系解除通知。代言关系解除后,某汽车贸易公司未删除上述微博、微信文章,直至本案一审审理中。

刘某诉称,在解除代言协议后,某汽车贸易公司未及时删除在此前代言关系存续期间在微博、博客等自媒体发布的代言图片,构成对刘某肖像权的侵犯,某汽车贸易公司应当承担赔偿责任。某汽车贸易公司辩称,(1)案涉图片推送于《合作协议》生效期间,某汽车贸易公司使用刘某肖像符合合同约定。(2)案涉图片的评论及浏览量均发生在《合作协议》生效期间,符合合同约定且未造成任何不良影响。(3)微信、微博推送不同于传统户外广告等宣传媒介,已经沉底的、不再具有商业价值的微信、微博推送没有任何商业价值,不删除亦不违反合同约定。(4)微博及微信公众号作为历史资料保留的涉案图片不可能误导公众。

一审法院经审理认为,根据各方约定,2015 年 4 月 20 日,某汽车贸易公司发出代言关系解除通知后,各方签订的合作协议即终止,某汽车贸易公司根据合同约定应当在合理的消化期内处理有关产品或其宣传品或广告。本案中,涉案图片照片右上角标有被告汽车产品商标,照片背景为汽车前脸图案,虽然所配文字没有产品宣传内容,但仍属于经过编辑的、具有品牌宣传性质的广告图片,某汽车贸易公司在涉案微博和涉案公众号中保留该图片,会造成不知情的大众认为刘某始终是某汽车贸易公司的品牌或产品代言人,某汽车贸易公司的行为侵犯了刘某的肖像权。一审法院综合考虑刘某的知名度、某汽车贸易公司的过错程度、涉案肖像被使用的数量、用途、传播范围、所造成的影响及当前市场因素酌情确定某汽车贸易公司应赔偿的损失数额。

二审法院经查,2015 年 4 月 8 日 17 时 36 分,某汽车贸易公司认证的新浪微博账号发布微博,并配以经过加工的刘某图片。一审审理过程中,某汽车贸易公司删除该微博内容。上述微博自发布至删除之日的总阅读量为 257 464,总转发量为 1195,总评论量为 296,总点赞量为 97。

2015 年 4 月 8 日,某汽车贸易公司认证的微信账号发布微信,并配以经过加工的刘某图片。一审审理过程中,某汽车贸易公司删除该微信公众号内容。2015 年 4 月 20 日之后的点击量(阅读数)为 17 367,2015 年 4 月 20 日之后的流量(在看数)为 0。

法院观点

在大数据时代,公民的人格权处于不可控的被侵犯风险中,本案涉及网络空间中公民的肖像保护与合理使用问题,核心争议焦点系代言协议解除后,对此前在微博、微信自媒体平台发布的代言图片未予删除是否构成侵权。

司法实践中判断使用他人肖像行为是否构成侵犯肖像权,需要具备以下条件:(1)须有使用他人肖像的客观事实,即在客观上存在使用他人肖像的行为。(2)须未经公民授权或同意而使用其肖像。(3)不存在肖像权侵权的免责事由,不属于肖像的合理使用范畴。结合二审期间双方诉辩意见,本案的争议焦点可以进一步细化为:(1)某汽车贸易公司在自媒体平台保留既往宣传图片是否属于"使用"刘某肖像;(2)某汽车贸易公司的上述"使用"行为是否属于合理使用。

一、某汽车贸易公司在自媒体平台保留既往宣传图片是否构成"使用"刘某肖像

第一,肖像的使用不局限于"推送"发布,持续留存于自媒体平台是肖像使用的基本形式。第二,是否构成"使用"与使用价值的大小和变动并非同一概念,不能以是否"沉底",是否还具有使用价值为由判断使用行为本身的存在。肖像的使用不要求有偿,也不论是否因此产生价值。第三,在互联网、大数据高速发展的背景下,侵害行为的违法性应结合技术特点以法益衡量进行认定。网络图片具有可以长期留痕以及通过网络检索得以再现的特点,故案涉图片只要仍保留在某汽车贸易公司自媒体平台中,就随时有被他人浏览、评阅,甚至再次传播的可能,也会因此而使公众误认为刘某仍系某汽车贸易公司代言人。因此,某汽车贸易公司在自媒体平台上保留刘某肖像图片的行为构成"使用"。

二、某汽车贸易公司的上述"使用"行为是否属于合理使用

合理使用实际系阻却侵害肖像权行为的不法性,并因此免除相应的法律责任。首先,从案涉图片的内容形式上看,案涉图片系在刘某肖像基础上的深度加工,不仅包含刘某个人肖像,且背景为某品牌汽车,另图片显著位置包含有某品牌商标标识。图片内容形式本身应认定为"以营利为目的"的商业使用,并不属于合理使用的范畴。其次,从图片的使用形式上看,案涉图片留存于某汽车贸易公司向大众公开的官方微博、微信公众号中,某汽车贸易公司在官方微博、

微信公众号中发布并留存带有商业宣传意义的图片，无论其是否真实产生浏览、评论的热度并为某汽车贸易公司带来实际的商业利益，都不影响其“以营利为目的”的商业价值。最后，只要在某汽车贸易公司官方自媒体平台对于该图片予以保留，那么其随时具有被第三人检索、转发、广泛传播的可能性和不可预测性，刘某的肖像权亦处于不可知的被侵犯的风险之中，其影响不仅限于对公众造成误导。某汽车贸易公司虽主张案涉图片已经“沉底”，不具有商业价值。但在自媒体平台上，未经他人同意，擅自公布、留存他人照片，可能导致该照片的广泛传播，客观上构成对他人肖像权的侵犯。因此，某汽车贸易公司对案涉图片未予删除，实际上系主观放任其存在。

综上，某汽车贸易公司与刘某解除代言协议后，此前在微博、微信自媒体平台发布的代言图片未予删除，构成对刘某肖像的使用，且该使用未经刘某授权和同意，亦不具备其他合理使用情形，故构成对刘某肖像权的侵权行为。鉴于刘某提交的新闻报道无法证明其实际经济损失，某汽车贸易公司虽因此获利，但具体获利的金额亦难以确定，在此情况下应根据实际情况确定赔偿数额，综合考虑刘某的知名度、某汽车贸易公司的过错程度、案涉肖像被使用的次数、期间、用途、传播范围、所造成的影响及当前市场因素，一审法院酌定赔偿金额为200 000元的判决合理，二审法院予以维持。

法官说法

随着科技进步和互联网发展，自媒体运营已然成为常见的商业宣传和推广方式。尤其是伴随传播技术、制作方式和名人效应的快速扩展，自媒体平台中发布内容的影响力、传播力持续扩大，在创造商业价值的同时亦可能因不当推送、发布、留存等行为引发侵权风险。本案即涉及自媒体空间中未及时删除代言图片引发的侵权问题。

一、代言协议解除后，此前在自媒体平台发布的代言图片是否应删除

品牌方与原代言人解除代言协议后，此前在微博、微信等自媒体平台发布的代言图片是否可以留存首先应考察双方对此是否有特殊约定。如双方明确约定品牌方无须删除此前在自媒体平台发布的代言图片，则该留存行为已经原代言人授权或同意，品牌方无须删除。如双方对此无特殊约定，代言协议解除后品牌方未删除此前在自媒体平台发布的代言图片，属于“使用”原代言人肖

像,构成侵权。

首先,品牌方在自媒体平台留存代言人图片的行为属于对原代言人肖像的“使用”。肖像的使用并不限于发布、推送行为,发布行为的即刻完成并不代表肖像使用行为的终止,代言图片持续留存于自媒体平台同样是肖像使用的基本方式。特别是在互联网、大数据高速发展的背景下,网络图片具有可以长期留痕以及通过网络检索得以再现的特点,实践中,社会公众人物先前的影视形象被再次传播成为网络热点事件屡见不鲜。因此,数字化的网络图片相较于传统的户外广告、期刊杂志等载体上非数字化的图片具有被检索再现的难以预测性和不可控性,故代言图片只要留存于品牌方的自媒体平台中,就随时有被他人浏览、评阅,甚至再次传播的可能,也会因此使公众误认为双方仍存在代言合作关系。在此背景下,不应由权利人承担此外观推导可能带来的不利后果,肖像权人有权禁止他人的非授权使用。

其次,品牌方在代言终止后未删除代言图片,系主观上放任其存在。发布于自媒体平台的代言图片不同于档案资料形式的内部留存,不具有信息保留的必要性或不可避免性,而是包含商业元素的,具有商业化利用性质的外部公开。品牌方在代言协议终止后未及时删除代言图片,系主观上放任其存在,具有过错。

最后,从留存行为可能侵害的法益角度衡量。肖像与姓名一样,是民事主体的外在表征,彰显民事主体的社会存在,对肖像权等具体人格权的保护也是以维护人格尊严为根本目的。随着科技的进步和互联网的发展,尤其是传播技术、制作方式和名人效应的快速扩展,肖像越来越容易被制作、使用、公开、传播,其具有的商业价值愈加凸显,他人未经授权且非合理使用的情形越来越多,公众人物的肖像更是如此。对肖像权的规范性保护,是规范互联网时代侵权行为和增进社会福利的一种治理方式,也是对个人自由、人格尊严充分尊重的法律回应。

故此,在代言协议解除后,除非有原代言人授权或同意的特殊情形,品牌方应将此前在自媒体平台发布的代言图片予以删除。

二、在何种情形下,未在自媒体平台及时删除已发布信息会构成侵权

自媒体平台中未删除信息引发侵权行为的判断,实践中主要包括两种类型:第一种是信息的发布、推送行为本身即构成侵权,发布者未及时删除上述信息导致侵权行为持续存在,并在客观上扩大了损害结果;第二种是信息的发布、

推送行为本身并不构成侵权,行为人未及时删除信息的行为构成不作为侵权。

关于信息的发布、推送行为本身即构成侵权的类型,实践中主要存在以下情形:(1)未经肖像权人同意,在自媒体中公开使用肖像权人的肖像等侵犯肖像权的行为;(2)未经著作权人许可,发表、歪曲、篡改他人作品或将他人享有著作权的作品用于自媒体宣传的行为;(3)在自媒体上发表侮辱、诽谤等言语,侵犯他人名誉权的行为;(4)在自媒体上公开自然人的姓名、身份证件号码、生物识别信息、电话号码、健康信息等个人信息的行为;(5)在自媒体上公开他人私密活动、身体隐私的侵犯他人隐私权的行为。

关于信息的发布、推送行为本身并不构成侵权,行为人未及时删除信息的行为构成不作为侵权的情形,主要是指在自媒体发布内容涉及授权使用时,在授权期限届满或授权终止后,发布人未及时删除相应内容,构成侵权。前述案件中,代言协议解除后,品牌方未及时在自媒体平台删除原代言人图片即属于此种类型。

由此可见,在自媒体运营中,相关企业与个人要履行社会义务,积极传播正能量,树立权利保护意识,注意发布内容的严格审核与动态管理,避免侵犯他人合法权益的情形。

三、转发、转载他人发布内容,是否构成侵权

随着微博、微信等自媒体平台的快速普及,转载已经成为人们之间分享信息和社交的一个重要工具。关于转发、转载他人发布内容是否构成侵权的问题,根据《最高人民法院关于审理利用信息网络侵害人身权益民事纠纷案件适用法律若干问题的规定》第七条的规定,应综合转载主体的注意义务、转载信息侵害他人人身权益的程度、对转载信息是否作出实质性修改等进行认定。实践中需结合转载内容、转载方式、转载目的、转发人过错程度等综合进行判断。

首先,对于已经在微博等网络平台中发布的内容,除非内容本身侵犯他人名誉权、隐私权等合法权益或发布人、权利人明确声明禁止转载、摘编,标注原出处或原链接的转发行为通常情况下不属于侵权行为。需注意的是,如转发人对所载信息作出实质性修改或未标注来源,则可能构成侵权。其次,需结合转载方式、转载目的、转发人的注意义务进行判断。如转发是通过微信公众号还是个人微信、微博账号,是否面向不特定对象发布,转发使用是否涉及商业目的。在认定转载行为的法律责任时,应当区分专业媒体与非专业媒体、“网络大

V”与普通账户,专业媒体与“网络大 V”应承担更高的注意义务。

相关法律规范

《民法典》

第一百一十条　自然人享有生命权、身体权、健康权、姓名权、肖像权、名誉权、荣誉权、隐私权、婚姻自主权等权利。

法人、非法人组织享有名称权、名誉权和荣誉权。

第一百二十条　民事权益受到侵害的,被侵权人有权请求侵权人承担侵权责任。

《最高人民法院关于审理利用信息网络侵害人身权益民事纠纷案件适用法律若干问题的规定》

第七条　人民法院认定网络用户或者网络服务提供者转载网络信息行为的过错及其程度,应当综合以下因素:

(一)转载主体所承担的与其性质、影响范围相适应的注意义务;

(二)所转载信息侵害他人人身权益的明显程度;

(三)对所转载信息是否作出实质性修改,是否添加或者修改文章标题,导致其与内容严重不符以及误导公众的可能性。

(侯　军　王梦琦撰写)

二、网络信息未及时更新引发的违法问题

关 键 词:市场监管　虚假广告　未及时更新　行政处罚

典型案例:未及时更新广告信息的被动行为不宜认定为虚假广告

——北京某网络公司诉北京市某区市场监督管理局行政处罚案

裁判要旨:对于市场主体未能及时更新相关信息引起的服务信息与实际情况不符的情形,不能径行认定其存在欺骗或者误导消费者的故意或者重大过失。市场监督管理机关在实施监督管理活动中,应对市场主体适度的错误行为予以一定的宽容。

案情简介

2018 年 4 月 9 日,北京市某区市场监督管理局(以下简称某区市监局)对北京某网络科技有限公司(以下简称北京某网络公司)作出京工商朝处字〔2018〕612 号《行政处罚决定书》(以下简称被诉处罚决定),认定甲乙大饭店于 2017 年 3 月 22 日更名为丙丁大酒店,但北京某网络公司在 2017 年 3 月 23 日至 27 日,仍然通过其官网进行宣传销售甲乙大饭店这款产品,并且在 2017 年 3 月 24 日通过网络销售了一个订单,OTA 订单 ID211765173。直至 2017 年 3 月 27 日 13:01:07 北京某网络公司才在网络系统中将甲乙大饭店修改为丙丁大酒店。某区市监局认定,北京某网络公司的上述行为违反了《广告法》第四条和第二十八条第二款第二项的规定。依据《广告法》第五十五条第一款的规定,决定给予北京某网络公司罚款 30 万元的行政处罚。北京某网络公司不服,提起行政诉讼,请求撤销某区市监局作出的被诉处罚决定。

一审法院审理认为,北京某网络公司在其网站上发布酒店信息的目的是推销其便捷的酒店预订服务,并从中获取利益,符合上述规定中广告主的定义。北京某网络公司系因为涉案酒店经营主体变更后,其未能及时更新相关信息,并非北京某网络公司为了欺骗或者误导消费者而故意实施的行为,且在经营主体变更之前,涉案广告并无虚假内容,并非《广告法》规定的虚假广告行为。某区市监局所作认定缺少相应的事实和法律根据。一审法院遂判决:撤销某区市监局于 2018 年 4 月 9 日对北京某网络公司作出的被诉处罚决定。一审宣判后,某区市监局不服,提起上诉。

二审法院经查,2017 年 7 月 12 日,某区市监局接市政府非紧急救助服务中心转办单经审查后予以立案。2017 年 7 月 21 日,北京某网络公司向某区市监局出具《情况说明》,主张 2017 年 3 月 23 日甲乙大饭店正式更名为丙丁大酒店,因 2017 年 3 月 23 日并未接到某公司或酒店方面关于酒店信息更新的任何通知,后接到客户反馈,北京某网络公司向酒店核实后立即在 2017 年 3 月 27 日更新了相关信息。为核实涉案举报的相关情况,2017 年 8 月 21 日,某区市监局向上海市某区市场监督管理局出具《协助调查函》,请求该局协助某区市监局核查“是否存在丙丁大酒店?经营主体是谁?是否有相关商标和名称授权、甲乙大饭店何时更名为丙丁大酒店?更名为丙丁大酒店后是否通知了某公司?”等事项。2017 年 9 月 19 日，上海市某区市场监督管理局向某区市监局出具《回函》，答复内容如下：甲大饭店曾经与乙管理公司签订《经营服务协议》，在协议期间甲大饭店对外名称为甲乙大饭店，因上述协议于 2017 年 3 月 22 日已到期终止，因此自 2017 年 3 月 23 日起甲大饭店由某公司和丁公司收回管理权并由某集团进行管理。经甲大饭店董事会决议，2017 年 3 月 23 日甲大饭店对外正式更名为丙丁大酒店。

2017 年 9 月至 10 月，某公司向某区市监局明确甲乙大饭店曾是甲大饭店有限公司旗下所有的酒店，后该酒店被丙酒店管理有限公司纳入其管理系统进行管理，更名为丙丁大酒店。2017 年 3 月 13 日，丙丁大酒店将上述变动情况通知某公司。2017 年 3 月 21 日，某公司经审核在系统中更换了酒店名称，并通过 API 接口通知了北京某网络公司。某公司和北京某网络公司存在分销合作关系。2017 年 11 月 3 日，某区市监局向北京某网络公司出具《首次询问告知书》，并对北京某网络公司委托代理人赛某进行询问并制作《询问（调查）笔录》。笔录中记载赛某关于事发经过的陈述与北京某网络公司提交的上述《情况说明》中的内容相一致，同时赛某陈述，2017 年 3 月 23 日至 27 日，只有一名顾客订购了甲乙大饭店这款产品。

法院观点

结合双方当事人的意见，本案的争议焦点为：第一，北京某网络公司是否为涉案广告广告主的主体性质认定问题；第二，北京某网络公司是否发布了虚假广告的事实认定问题。

关于焦点一，《广告法》第二条规定，广告是指商品经营者或者服务提供者通过一定媒介和形式直接或者间接地介绍自己推销的商品或者提供服务的商业活动。广告主是指为推销商品或者服务，自行或者委托他人设计、制作、发布广告的自然人、法人或者其他组织。广告经营者是指接受委托提供广告设计、制作、代理服务的自然人、法人或者其他组织。广告发布者是指为广告主或者广告主委托的广告经营者发布广告的自然人、法人或者其他组织。根据上述法律规定，本院认为，广告主必须是经营性的或以营利为目的的商品经营者或服务提供者，广告应当是一种付费宣传，其目的是通过一定的媒介和形式，直接或间接地宣传自己的商品或者服务，而最终将其推销或者提供给消费者。本案中,北京某网络公司系以自己的名义对外发布信息,并收取消费者相关费用,与消费者发生纠纷后也是由该公司予以处理,其应当是以推销酒店预订服务为目的,并从中获取收益的广告主。某区市监局认定北京某网络公司既是广告主又是广告发布者并无不当。

关于焦点二,判断广告是否属于虚假广告,不仅需要认定商品或服务在广告中宣传的各种信息与实际情况是否符合,还要对是否"对购买行为有实质影响"来综合判定。而"对购买行为有实质性影响"的判断,则需要在执法实践中结合《广告法》第二十八条第一款的原则性条款"广告以虚假或者引人误解的内容欺骗、误导消费者的,构成虚假广告"来理解。酒店更名系企业经营行为,考虑到酒店不同经营主体提供的服务标准、内容、方式等可能存在的差异性,北京某网络公司虽然存在提供的服务信息与实际情况不符的情形,但是该公司的上述行为系因为涉案酒店经营主体变更后,其未能及时更新相关信息引起,不能因此认定其存在欺骗或者误导消费者的故意或者重大过失。与对外主动积极发布虚假广告、为获取相关利益欺骗误导消费者的行为相比,北京某网络公司的涉案行为存在实质性不同。北京某网络公司在得知酒店信息变更后,即在相对合理期间内进行了更改。对于在此期间未及时更改信息仅有一人预订的情形,某区市监局给予30万元罚款的行政处罚,显属不当。北京某网络公司未能及时更新相关信息的行为应当在未来加强管理并予以改进,但市场监督管理机关在实施监督管理活动中,亦应对市场主体适度的错误行为予以一定的宽容。同时,某区市监局认定"对购买行为有实质性影响"系其主观判断,其提交的证据并不足以证明上述事实,且考虑到涉案酒店在经营主体变更之前,涉案广告并不存在虚假内容,综合判断北京某网络公司发布涉案广告的行为并不构成发布虚假广告的违法行为。依照《行政诉讼法》第八十九条第一款第一项之规定,判决:驳回上诉,维持一审判决。

法官说法

市场经济是竞争经济,"酒香不怕巷子深"的传统观念已相对落伍,广告已成为市场主体获取竞争优势、扩大销量、树立品牌形象的法宝。时至今日,广告已遍布社会生活的每一个角落,传统意义上的广告是语言和创意的综合体,随着新技术、新媒体的介入,广告有了更多的表现方式和手段,但语言文字仍然是广告宣传最常用的手段之一。本案涉及互联网在线旅游广告，社会关注度大，触及行政审查与司法审查的分歧。如何认定广告主，以及如何理解并认定《广告法》第四条与第二十八条中的虚假广告是本案的处理焦点。

一、如何认定广告的广告主

《广告法》第二条已对广告主、广告经营者与广告发布者的内涵做了详细的规定。同时，第四条规定，广告不得含有虚假或者引人误解的内容，不得欺骗、误导消费者。

广告经营者、广告发布者在从事广告经营发布活动中一般是收取费用的，依据权利义务相一致的原则，其应当承担一定的注意义务。

本案中，北京某网络公司辩称其并非广告主，只是广告的转载方，相当于一个中介。对此，法院结合《广告法》的立法目的、关于广告的定义、对广告主的定义等因素，经审理认定，北京某网络公司符合广告主的特征。第一，涉案网页与App 系北京某网络公司自行经营，它系以自己的名义对外发布信息，普通消费者一般是通过点击北京某网络公司发布的广告信息，购买相应产品，普通消费者从信息外观上无法推断出该公司与案外人某公司的联系。第二，根据其和案外人某公司签订的《产品分销合作协议》《询问（调查）笔录》《情况说明》等相关证据，可以认定北京某网络公司直接收全部款项，消费者是将相关费用直接支付给北京某网络公司，其从中赚取佣金。第三，北京某网络公司也对其所发布的信息拥有编辑与更改的权限，其并非仅仅转载某公司的信息链接。第四，与消费者发生纠纷后也是由北京某网络公司予以处理。据此，应当认定北京某网络公司系以自己的名义对外发布信息，并收取消费者相关费用，其应当是以推销酒店预订服务为目的，并从中获取收益。因此，被诉处罚决定中认定北京某网络公司是广告主并无不当。

二、发布虚假广告的认定标准是什么

日常生活中，广告主或广告发布者在广告中向消费者推荐商品或服务。某些广告主或者广告发布者因其具有较高的商业信誉，更有利于广告信息的快速传播，如果此类广告内容失真甚至虚假，将会有较大的欺骗和误导作用。因此，越是知名度高的广告主或广告发布者，在发布广告时，更应当对广告的真实性尽到注意义务。“广告创意没有上限，广告宣传要有底线”，这个底线就是法律。

对虚假广告的认定首先要确认法律法规是否有明确的禁止性规定。根据

“法无禁止即自由”的原则，如果内容触犯具体法律规定，当然可以认定为虚假广告；但如果没有触犯具体法律规定，应尽量避免对相关法律规定进行类推、引申或扩大解释。

《广告法》第二十八条分了两款内容对虚假广告进行定义。从上述规定上看，实践中认定虚假广告需要同时考量以下三个必要要件。

要件一：商品或服务在其广告中宣传的各种信息与实际情况不符。此为事实性事件，也即认定虚假广告的事实根据。本案所涉及的宣传信息确实与实际情况不符，存在时间上的出入，符合《广告法》第二十八条第二款第二项前半句规定，即商品的性能、功能等信息与实际情况不符，对此双方当事人并无异议。

要件二：“对购买行为有实质性影响”。此为性质要件或后果要件，对消费者购买行为只有一般性影响或没有影响的，不能认定为虚假广告。《广告法》第二十八条第二款第二项后半句强调，信息与实际情况不符的，对购买行为要有实质性影响。本案中，2017 年 3 月 23 日至 27 日，北京某网络公司提供的涉案服务信息显示的酒店为“甲乙大饭店”，但该酒店对外名称已经更名为丙丁大酒店。但无论是“乙”还是“丙丁”，该酒店对外一直使用以“甲大饭店有限公司”为抬头的票据。此期间仅有一人订购，北京某网络公司未及时变更其发布的广告是否对该消费者的“购买行为有实质性影响”，需要被告举证。但某区市监局认定“对购买行为有实质性影响”仅系其主观推断，其提交的证据并不足以证明该要件成立。

要件三：存在“欺骗、误导”的主观故意与过错。此为主观要件。该要件来源于《广告法》第二十八条第一款规定的原则性条款，即“广告以虚假或者引人误解的内容欺骗、误导消费者的，构成虚假广告”。其中的定语是“欺骗、误导”，含有主观因素的认定，对此不能忽视。北京某网络公司虽然未能及时在其发布的广告上更名，存在提供的服务信息与实际情况不符的情形，但是北京某网络公司的上述行为系涉案酒店经营主体变更后，其未能及时更新相关信息引起，在得知酒店信息变更后，即在相对合理期间内进行了更改，信息不一致的情形仅仅存在不到 5 天。若因此认定北京某网络公司存在欺骗或者误导消费者的故意或者重大过失，缺乏相应的事实依据。

总体来说，本案中北京某网络公司属于被动的未能及时更新相关信息的行为，与《广告法》意图重点打击制约的对外主动积极发布虚假广告、为获取相关利益欺骗误导消费者的行为相比，存在实质性不同。北京某网络公司未能及时更新相关信息的行为应当在未来加强管理并予以改进，但市场监督管理机关在实施监督管理活动中，应对市场主体适度的错误行为予以一定的宽容。法院综合判断后认定北京某网络公司发布涉案广告的行为并不构成发布虚假广告的违法行为。

三、对于未及时变更广告信息的被动行为应如何认定及处理

《行政处罚法》第四条第二款（2021 年修订为第五条第二款）规定了过罚相当原则，市场监督管理机关应当遵循过罚相当原则行使自由裁量权，要综合考虑处罚相对人的主观过错程度、违法行为的情节、性质、后果及危害程度等因素，如果考虑了不应考虑的因素，或者没有考虑应该考虑的因素，或者针对相同的情况作出不同的处理，或者针对不同的情况作出相同的处理，都属于未适当行使自由裁量权，行政机关会承担行政行为被法院撤销或变更的败诉后果。对此，《行政诉讼法》第七十条第六项规定，对于明显不当的行政行为，法院可以撤销。第七十七条第一款规定，行政处罚明显不当，或者其他行政行为涉及对款额的确定、认定确有错误的，人民法院可以判决变更。

本案中，北京某网络公司虽在 2017 年 3 月 23 日至 27 日未及时更改广告信息，但客观上仅产生了一人预订即销售了一个订单的结果，该订单中的消费者并未因该信息错误而被欺骗或者误导进行消费，其最终入住的酒店享受的服务并无明显差别，且 2017 年 3 月 27 日 13:01:07 北京某网络公司即及时变更了新的信息。可见，北京某网络公司主观过错程度小、违法行为的情节轻，并没有产生严重的后果与危害。因此，即使认定北京某网络公司发布涉案广告构成发布虚假广告的违法行为，市场监督管理机关亦应当遵循过罚相当原则行使自由裁量权，对其在法定幅度内从轻处罚。《广告法》第五十五条第一款对广告主发布虚假广告的违法行为按情节规定了不同的处罚幅度，即一般情形下处广告费用 3 倍以上 5 倍以下的罚款，广告费用无法计算或者明显偏低的，处 20 万元以上 100 万元以下的罚款。本案中，法院认可某区市监局认定本案广告费用属于无法确定的情形具有相应的事实根据。被诉处罚决定虽然处于上述处罚幅度范围内，但考虑处罚相对人的主观过错程度、违法行为的情节、性质、后果及危害程度后，处罚幅度仍不适当，违背了过罚相当原则，导致行政处罚结果显失公正，人民法院亦有权依法判决撤销或变更该决定。

市场监督管理机关在实施监督管理活动中，对市场主体适度的错误行为予以一定的宽容，能产生良好的社会预期，保障经济平稳健康运行。这也是优化营商环境，解放生产力、提高竞争力的必然要求，也有利于增强企业和群众获得感、推动经济高质量发展。

相关法律规范

《广告法》

第四条第一款　广告不得含有虚假或者引人误解的内容，不得欺骗、误导消费者。

第二十八条　广告以虚假或者引人误解的内容欺骗、误导消费者的，构成虚假广告。

广告有下列情形之一的，为虚假广告：

（一）商品或者服务不存在的；

（二）商品的性能、功能、产地、用途、质量、规格、成分、价格、生产者、有效期限、销售状况、曾获荣誉等信息，或者服务的内容、提供者、形式、质量、价格、销售状况、曾获荣誉等信息，以及与商品或者服务有关的允诺等信息与实际情况不符，对购买行为有实质性影响的；

（三）使用虚构、伪造或者无法验证的科研成果、统计资料、调查结果、文摘、引用语等信息作证明材料的；

（四）虚构使用商品或者接受服务的效果的；

（五）以虚假或者引人误解的内容欺骗、误导消费者的其他情形。

《行政诉讼法》

第七十条　行政行为有下列情形之一的，人民法院判决撤销或者部分撤销，并可以判决被告重新作出行政行为：

（一）主要证据不足的；

（二）适用法律、法规错误的；

（三）违反法定程序的；

（四）超越职权的；

（五）滥用职权的；

（六）明显不当的。

《行政处罚法》(2021年修订)

第五条　行政处罚遵循公正、公开的原则。

设定和实施行政处罚必须以事实为依据，与违法行为的事实、性质、情节以及社会危害程度相当。

对违法行为给予行政处罚的规定必须公布；未经公布的，不得作为行政处罚的依据。

(陈金涛　韩　勇撰写)

三、肖像权、名誉权、隐私权的网络保护

关 键 词: 肖像权　名誉权　隐私权　网络侵权　侵权责任

典型案例: 未经授权在网络上使用公众人物肖像用于营利性宣传，应承担侵权责任

裁判要旨: 未经肖像权人同意，不得制作、使用、公开肖像权人的肖像。明星作为公众人物，其肖像曝光度较普通社会公众更高，但未经公众人物授权同意，在网络平台上使用其肖像作为营利性宣传配图，构成对公众人物肖像权的侵害，应当承担消除影响、恢复名誉、赔礼道歉等民事责任，责任承担方式应当与其行为的具体方式和造成的影响范围相当。

案情简介

某女星是国内知名艺人。某医疗美容医院在其微信公众号上先后刊登文章《台媒评2015十大国民女神，你怎么看?》《幸亏有微整形，母女变闺蜜!》《碉堡了! 当某女星没了小V脸……》《喜欢某女星的大眼睛吗? 里面大有玄机的!》《瘦脸也要找对方法》《她们是母女，但更似姐妹!》《想秒杀你的男神吗? 戳进来，告诉你正确的姿势!》等多篇文章，其中使用了某女星不同照片共计16张(其中有一张系对脸型进行调整后的对比图)。上述文章有多处内容涉及“瘦脸针”“开眼角”“卧蚕”“丰唇”等美容整形项目的宣传介绍，文章底部还载有“某美容医院”“了解更多活动详情，请拨打……进行咨询”“地址:某某街道第……号”等字样。文章所在页面右侧有“微信扫一扫关注该微信号”等字样。某女星

认为某医疗美容公司的上述行为构成对其肖像权的侵犯,将某医疗美容公司诉至法院,要求在全国公开发行的报纸上向其公开赔礼道歉,并赔偿经济损失30万元,精神损害抚慰金5万元。

法院观点

一审法院认为,根据已经查明的事实足以认定某医疗美容医院在其主办的微信公众号中使用了某女星的照片作为文章配图,且该微信号中存在对某医疗美容医院及所经营美容项目的宣传内容,具有明显盈利目的;现某医疗美容医院未提供证据证明其使用某女星的肖像获得了某女星授权,故法院认定某医疗美容医院在涉案微信号中使用某女星照片的行为侵犯了某女星的肖像权,应承担相应责任。某女星要求赔礼道歉于法有据,综合考虑涉案文章已删除、某医疗美容医院使用某女星照片的形式、涉案文章内容和涉案微信公众号的受众范围、某医疗美容医院可能获益情况等因素,根据本案具体侵权行为、主观过错及损害后果,一审法院判决某医疗美容医院向某女星进行书面赔礼道歉,并赔偿经济损失22万元。关于精神损害抚慰金,现某女星提交证据不足以证明某医疗美容医院的行为造成某女星社会评价的被动降低,亦不足以证明某女星因此受到精神伤害,故此部分诉请一审法院不予支持。二审判决:驳回上诉,维持原判。

法官说法

一、如何把握明星肖像权在网络上的使用边界?常见的侵权行为有哪些

肖像是指通过绘画、照相、雕塑、录像、电影艺术等形式使自然人外貌在物质载体上再现的视觉形象。包括明星在内,公民的肖像权依法受到保护。《民法典》第一千零一十九条规定:任何组织或者个人不得以丑化、污损,或者利用信息技术手段伪造等方式侵害他人的肖像权。未经肖像权人同意,不得制作、使用、公开肖像权人的肖像,但是法律另有规定的除外。未经肖像权人同意,肖像作品权利人不得以发表、复制、发行、出租、展览等方式使用或者公开肖像权人的肖像。相较于《民法通则》(已失效)第一百条之规定,《民法典》删除了"以营利为目的"这一侵权构成要件,进一步彰显了肖像权作为人的基本权利属性。同时,也更加符合互联网时代侵害肖像权的行为模式。因为在网络环境下,相

当一部分侵害肖像权的行为是以恶意损害或者是恶搞形式出现，可能不具有营利性目的或难以认定侵权行为具有营利性。明星作为公众人物，其自愿进入公众视野且享有一定知名度，相较于普通公民，明星肖像在网络平台上具有更高的娱乐性与商业价值，也具有更高的曝光度与使用率。因此，在把握明星肖像权在网络上的使用边界时，要综合考虑明星自身的工作性质、在网络上使用其肖像的目的和用途、造成的影响等因素，结合侵权行为的构成要件及相关法律规定，判定使用明星肖像权的合法边界。

《民法典》第一千零二十条规定了合理使用肖像权的范围：一是为个人学习、艺术欣赏、课堂教学或者科学研究，在必要范围内使用肖像权人已经公开的肖像；二是为实施新闻报道，不可避免地制作、使用、公开肖像权人的肖像；三是为依法履行职责，国家机关在必要范围内制作、使用、公开肖像权人的肖像；四是为展示特定公共环境，不可避免地制作、使用、公开肖像权人的肖像；五是为维护公共利益或者肖像权人合法权益，制作、使用、公开肖像权人的肖像的其他行为。上述情形可不经肖像权人同意而使用其肖像，在上述合法使用肖像权的边界之外，网络上常见的明星肖像权侵权行为包括：(1)未经明星同意使用明星肖像用作网络广告宣传图片；(2)未经明星同意将明星肖像用作网购平台商品模特图；(3)未经明星同意将明星肖像用作网络文章配图；(4)丑化明星肖像制作表情包、恶搞图片或视频。上述通过信息网络平台实施的肖像权侵权行为，主要表现形式为通过各大网站、社交媒体、通信软件等平台发布相关信息，利用明星的知名度和关注度实现营利性或娱乐性目的。

除肖像权外，明星的名誉权与隐私权也常成为网络侵权行为侵害的对象。名誉是对民事主体的品德、声望、才能、信用等的社会评价。网络上常见的明星名誉权侵权行为主要为发布具有侮辱、诽谤内容的信息，捏造、歪曲相关事实，造成明星社会评价的降低。在判断是否构成明星名誉权侵权时，需甄别信息内容的虚实以及发布相关信息的目的，若行为人为公共利益实施新闻报道、舆论监督而发布影响明星名誉的信息，则行为人无须承担民事责任。如近年来频出的明星“塌房”事件，若爆料信息属实，不存在捏造、歪曲或侮辱、诽谤内容，则明星亦难以就此要求行为人承担侵害名誉权的责任。隐私是自然人的私人生活安宁和不愿为他人知晓的私密空间、私密活动、私密信息。网络上常见的明星隐私权侵权行为主要为泄露、公开明星不愿为他人知晓的私密信息。明星作为公众人物,其私人生活常主动或被动地暴露于公众视线,这既是由明星的职业特性所决定,也是部分明星获取关注度或保持活跃度的方式之一。因此,明星对于触及其隐私权边界行为的容忍度相对而言高于普通民众。在判断是否构成明星隐私权侵权时,既要从一般民事主体对于隐私享有的基本权利出发查明是否存在隐私权侵权的事实,又要结合明星的身份特殊性,考虑相关信息是否能够纳入社会公众得以通过互联网获取的信息范畴。

二、如何认定发布者、转发者的侵权责任？首发和转发的责任有何差别

广义而言,侵权信息的发布者包括网络用户和网络服务提供者。网络用户亦即网络内容提供者,是使用互联网自己组织信息向公众传播的主体,网络侵权行为的实施者通常即指此类发布者。网络服务提供者是指为信息传播提供光缆、路由、交换机等基本设施或为上网提供接入服务或为用户提供电子账号的主体。《民法典》第一千一百九十四条规定,网络用户、网络服务提供者利用网络侵害他人民事权益的,应当承担侵权责任。据此规定,发布者利用网络侵害明星肖像权、名誉权或隐私权的,应当承担侵权责任。该侵权行为属一般侵权行为,适用过错责任原则。具体而言,网络用户承担侵权责任的构成要件为:(1)实施了非法侵害明星肖像权、名誉权或隐私权的行为;(2)造成明星民事权益被侵害的损害后果,既包括对民事权益本身的直接侵害,也包括由此产生的经济损失、精神损失;(3)侵权行为与损害后果之间具有因果关系;(4)行为人主观上具有过错。对于网络服务提供者,由于在技术上网络服务提供者无法编辑信息,也无法对特定信息进行控制,故网络服务提供者对网络用户发布的具体内容不承担注意义务。根据《民法典》第一千一百九十七条之规定,网络服务提供者知道或者应当知道网络用户利用其网络服务侵害他人民事权益,未采取必要措施的,与该网络用户承担连带责任。因此,网络服务提供者的侵权行为属于不作为的侵权行为,其侵权责任成立的条件系对已知或应知的侵权行为未采取必要措施,从而造成不法损害后果的扩大。故网络服务提供者对于损害的扩大部分与实施侵权行为的网络用户承担连带责任。

应当注意的是,网络用户中既有明星肖像权侵权信息的发布者即首发者,亦有侵权信息的转发者。对于首发者而言,其自当按照前述法律规定及侵权责任构成要件承担相应侵权责任;而对于转发者,在审查其行为是否符合侵权责任构成要件的同时,还应注意审查转发行为是否符合下列条件,从而可作为减

轻转发者侵权责任的抗辩事由：一是转发的内容是否为其他网络用户发布的信息而非转发者自行编辑撰写；二是转发的内容是否与原发布者发布的内容一致而未进行添加、删减、篡改、伪造；三是转发的内容是否为原发布者在公开网络平台发布的信息且原发布者未限制浏览或转载。

三、被侵权人应如何告知或通知网络服务提供者？常见的维权途径有哪些

网络用户利用网络服务实施侵害明星肖像权、名誉权或隐私权等侵权行为的，被侵权人有权通知网络服务提供者采取删除、屏蔽、断开链接等必要措施。具体而言，被侵权人应当采用书面通知或者可识别的电子信息方式。通知应当包含下列内容：(1)通知人的姓名(名称)、联系方式和地址；(2)要求采取必要措施的侵权内容的网络地址或者足以准确定位侵权内容的相关信息；(3)构成侵权的初步证明材料；(4)通知人对通知书的真实性负责的承诺。网络服务提供者接到符合前条规定的书面通知后，经审查认为存在侵权的较大可能性的，应当及时删除涉嫌侵权的内容，或者予以屏蔽，或者断开涉嫌侵权的内容的链接，或者采取其他必要措施，并同时将通知转送提供内容的网络用户。此处的“及时”，指合理、适当的时间，应当根据被侵权人提交通知的形式，通知的准确程度，采取措施的难易程度，网络服务的性质、影响力，所涉信息的类型、知名度、数量等因素综合判断，一般为收到有效通知后的 48 小时内；涉及热播影视等作品，或者涉及危害国家安全、侵害社会公共利益的，为收到有效通知后的 24 小时内。若网络服务提供者及时采取了必要措施，则不承担侵权责任，这一规则被称为“避风港规则”。网络用户接到转送的通知后，可以向网络服务提供者提交不存在侵权行为的声明。声明应当包括不存在侵权行为的初步证据及网络用户的真实身份信息。网络服务提供者接到声明后，应当将该声明转送发出通知的权利人，并告知其可以向有关部门投诉或者向人民法院提起诉讼。若网络用户的真实身份可以通过信息发布平台直接确定，被侵权人亦可直接联系网络用户删除相关侵权信息，但不影响信息删除后被侵权人就已经发生的损害后果向相关责任主体主张权利。

肖像权、名誉权、隐私权等人格权受到侵害的，被侵权人有权请求行为人停止侵害、排除妨碍、消除危险、消除影响、恢复名誉、赔礼道歉；因此产生相关经济损失的，还可主张损失赔偿。被侵权人可以采取的维权途径主要包括：(1)当事人自行协商达成和解或由第三方机构主持当事人达成调解，要求侵权人停止

侵权行为、网络服务提供平台配合删除或撤回相关侵权信息;(2)通过向网络平台监管部门投诉,要求有权机关责令网络平台停止侵权行为并对相关网络用户进行处罚;(3)通过诉讼途径依法认定侵权人的责任并进行赔偿,尤其是对于事实争议较大、损害后果难以确定的情形,通过司法程序厘清事实并认定责任,不仅能够实现定分止争的法律效果,还可发挥司法裁判对侵权人的警示教育作用。

相关法律规范

《民法典》

第一千零一十八条　自然人享有肖像权,有权依法制作、使用、公开或者许可他人使用自己的肖像。

肖像是通过影像、雕塑、绘画等方式在一定载体上所反映的特定自然人可以被识别的外部形象。

第一千零一十九条　任何组织或者个人不得以丑化、污损,或者利用信息技术手段伪造等方式侵害他人的肖像权。未经肖像权人同意,不得制作、使用、公开肖像权人的肖像,但是法律另有规定的除外。

未经肖像权人同意,肖像作品权利人不得以发表、复制、发行、出租、展览等方式使用或者公开肖像权人的肖像。

第一千零二十条　合理实施下列行为的,可以不经肖像权人同意:

(一)为个人学习、艺术欣赏、课堂教学或者科学研究,在必要范围内使用肖像权人已经公开的肖像;

(二)为实施新闻报道,不可避免地制作、使用、公开肖像权人的肖像;

(三)为依法履行职责,国家机关在必要范围内制作、使用、公开肖像权人的肖像;

(四)为展示特定公共环境,不可避免地制作、使用、公开肖像权人的肖像;

(五)为维护公共利益或者肖像权人合法权益,制作、使用、公开肖像权人的肖像的其他行为。

第一千零二十四条　民事主体享有名誉权。任何组织或者个人不得以侮辱、诽谤等方式侵害他人的名誉权。

名誉是对民事主体的品德、声望、才能、信用等的社会评价。

第一千零二十五条　行为人为公共利益实施新闻报道、舆论监督等行为，影响他人名誉的，不承担民事责任，但是有下列情形之一的除外：

（一）捏造、歪曲事实；

（二）对他人提供的严重失实内容未尽到合理核实义务；

（三）使用侮辱性言辞等贬损他人名誉。

第一千零三十二条　自然人享有隐私权。任何组织或者个人不得以刺探、侵扰、泄露、公开等方式侵害他人的隐私权。

隐私是自然人的私人生活安宁和不愿为他人知晓的私密空间、私密活动、私密信息。

第一千零三十三条　除法律另有规定或者权利人明确同意外，任何组织或者个人不得实施下列行为：

（一）以电话、短信、即时通讯工具、电子邮件、传单等方式侵扰他人的私人生活安宁；

（二）进入、拍摄、窥视他人的住宅、宾馆房间等私密空间；

（三）拍摄、窥视、窃听、公开他人的私密活动；

（四）拍摄、窥视他人身体的私密部位；

（五）处理他人的私密信息；

（六）以其他方式侵害他人的隐私权。

第一千一百九十四条　网络用户、网络服务提供者利用网络侵害他人民事权益的，应当承担侵权责任。法律另有规定的，依照其规定。

第一千一百九十五条　网络用户利用网络服务实施侵权行为的，权利人有权通知网络服务提供者采取删除、屏蔽、断开链接等必要措施。通知应当包括构成侵权的初步证据及权利人的真实身份信息。

网络服务提供者接到通知后，应当及时将该通知转送相关网络用户，并根据构成侵权的初步证据和服务类型采取必要措施；未及时采取必要措施的，对损害的扩大部分与该网络用户承担连带责任。

权利人因错误通知造成网络用户或者网络服务提供者损害的，应当承担侵权责任。法律另有规定的，依照其规定。

第一千一百九十六条　网络用户接到转送的通知后，可以向网络服务提供者提交不存在侵权行为的声明。声明应当包括不存在侵权行为的初步证据及网络用户的真实身份信息。

网络服务提供者接到声明后,应当将该声明转送发出通知的权利人,并告知其可以向有关部门投诉或者向人民法院提起诉讼。网络服务提供者在转送声明到达权利人后的合理期限内,未收到权利人已经投诉或者提起诉讼通知的,应当及时终止所采取的措施。

第一千一百九十七条　网络服务提供者知道或者应当知道网络用户利用其网络服务侵害他人民事权益,未采取必要措施的,与该网络用户承担连带责任。

（雷　悦撰写）

第四章　网络直播相关法律问题

一、直播带货中的合同履行

关 键 词：直播带货　直播脚本　坑位费

典型案例：直播带货中保底销售条款效力及履行问题的认定

裁判要旨：直播带货活动中，当事人关于未完成保底销售额时按照比例退还已交纳坑位费的约定应属合法有效，直播方未能完成约定销售计划的，应退还相应比例坑位费。未经明确约定，直播方无权要求供货方提供整场直播脚本。

案情简介

直播公司作为乙方与销售公司作为甲方签订《直播演出合约》，约定：甲方聘请乙方为艺人大V参加在北京举行直播商务活动之招商及直播运营执行方。活动举办时间:2020年9月24日，具体以实际执行的时间为准。活动场次：壹场。直播脚本需在活动开始72小时之前，由乙方提供给甲方并得到甲方和甲方艺人的书面确认，未得到甲方同意之前不得随意变更。乙方及乙方客户向甲方提供货品的同时需给予货品准确的货号、介绍、数量、照片、尺码、零售价、直播价等信息。直播价格不得高于任何渠道同产品历史最低价格，否则甲方有权终止合同，并不予退还服务费。(1)坑位费：在直播前两个工作日内，由乙方向甲方指定账户进行全额预付。单链接服务费金额为40 000元(不含税)(特殊类目除外)，如未完成相应直播活动(达人选品未通过)则全额退款。(2)保底销售：直播讲解配合乙方顺利完成此次直播活动，甲方承诺为乙方客户完成单链接保底销售额50 000元(客户最终确认收货，并度过退货期的最终成交销售额)，以平台统计为准。如未完成销售业绩，甲方需按比例退还未达到业绩比例的服务费用，以最终官方链接统计为准。2020年9月25日，销售公司向直播公司转账20万元，双方确定要保5种货品，直播公司要带来25万元的销售额，该大V于2020年9月26日进行了带货直播，但是实际只销售了3976元。销售公司将直播公司告上法庭要求其返还坑位费20万元。

直播公司则认为本次直播业绩未达到合同约定是因为销售公司未按照约定提供直播脚本，直播公司认为一场直播带货的成功与否与直播脚本息息相关。直播脚本不但要有流畅的故事性，甚至还包含着整个直播的全部流程。比如如何开场吸引观看直播的人数，直播过程中如何销售产品，有何种优惠活动，等等。因此，直播脚本极为重要。而如此重要的材料销售公司却没有按照合同约定进行提供，这才导致本次直播带货的最终结果不尽如人意。销售公司对此认为，2020年9月24日17时40分，销售公司工作人员已经发送了产品信息说明，且直播公司及艺人均未对此提出异议，既未延迟直播时间，也未提出脚本存在问题，故不认可直播公司意见。

法院观点

一审法院审理后认为，依法成立的合同，对双方当事人具有法律约束力。销售公司与直播公司签订的《直播演出合约》系双方当事人的真实意思表示，不违反法律法规的强制性规定，应当认定合法有效。本案中，直播公司提供的直播带货服务未达到双方约定的合同保底金额，按照合同约定，直播公司应按照比例退还未达到业绩比例的服务费用，现双方确认直播公司直播带货的金额为3976元，销售公司已支付的金额为20万元，故销售公司有权要求直播公司退还未达到业绩比例的服务费用。但在合同履行过程中，双方明确约定销售公司应在开始直播前72小时提供直播脚本，现销售公司仅于2020年9月24日向直播公司发送了产品信息说明，该产品信息内容相对简单，晚于合同中约定的直播脚本发送时间，且与合同中约定的直播脚本并不完全属于同一文件，无法起到替代作用。直播公司未提交脚本模板，且销售金额过低，亦存在过错。法院认为销售公司并未完全按照合同履行其相应义务，对直播带货的金额不足合同约定的保底金额亦应承担部分责任，故法院对销售公司要求退还的金额予以酌定。最终法院判决直播公司退还销售公司坑位费16万元。判决后直播公司不服，提起上诉，北京三中院审理后驳回上诉，维持原判。

法官说法

一、双方关于带货业绩差返还坑位费的约定是否有效

近年来，直播带货作为新型销售方式风靡网络，每逢“六一八”“双十一”等促销节点，伴随着“买它”或者其他具有感染力的呼喊、直播带货的销售金额节节升高，头部主播甚至会带来堪比大型企业的销售业绩。传统的网络销售形式下，是由消费者主动去搜索产品，然后进行比较消费，而直播带货中，消费者则往往在平台搜索所信任的主播的名字，主播通过推广产品使消费者产生购买意愿，结合着现场优惠和直播间的氛围，会推动消费者短时间内集中大量下单，由此可见，在直播带货中，主播无疑是最重要的一环，直接决定了销售的业绩。正因如此，优秀的主播更是被经营者争相签约。坑位费，正是电商带货直播流行后的新概念，从字面理解是请明星（带货）占住坑需要付的费用，其性质更接近于聘请明星宣传产品的推广服务费或者通告费。也就是商家需要给带货主播坑位费，主播才会给商品上架，并在直播间介绍推广商家的商品。

作为商品的经营者，邀请明星主播为自己的产品带货自然是希望获得更高的销售额，坑位费也是要算到成本里的，随着直播带货模式的火爆，坑位费也水涨船高，但直播销售的最终成绩却千差万别，部分经营者不仅没有通过直播使得商品大卖，甚至出现了销售额远低于坑位费的情形。早期的经营者缺乏经验，在所签订的直播的合同里也没有对直播业绩的约定和保证，一旦出现上述风险，主播方往往认为给予主播的是劳务费或者是广告服务费，与经营业绩成果并不具备必然联系，在没有合同约定的情形下，经营者往往只能自行承担巨额亏损。

因此为了保护自己的合法权益，有经验的经营者往往希望主播或者和主播有关的公司能对直播带货的预期销售额作出保证，即在合同中加入投资回报率的（return on investment，ROI）保证条款，在商品销售未达到销售额预期的情形下，经营者要求按照比例返还相应的坑位费。本案中，销售公司在合同里要求联系大 V 的直播公司作出 ROI 承诺，销售公司同意支付每种上架的商品的坑位费 4 万元，但直播要保证该商品能卖出去 5 万元的货。在这种约定下，经过平台统计最终卖出金额 5 万元则完成双方约定，直播公司无须退还坑位费，如果未达预期，比如只卖出去了 2.5 万元的货。那么就应当按照比例（2.5 ÷ 5 ×

4）=2 万元来计算退还已交纳的坑位费。

笔者认为，当事人约定在无法完成带货销售额的情形按照比例退还已交纳坑位费的经营模式，能够兼顾商品经营者与直播方的合法权益，有利于树立直播方和经营者风险共担的经营理念，避免在直播带货业绩不佳的情形下使商品经营者独自承担巨额损失的极端风险，应当认为这种约定既不违反法律、行政法规的强制性规定，也不违背公序良俗。只要作出约定的主体具有相应的民事行为能力，约定是双方的真实意思表示，依据《民法典》第一百四十三条的规定，应当认定当事人的约定有效。直播双方要高度重视所签订的直播服务合同内容，直播带货中约定直播方签订的销售额保底合同具有法律效力，直播方未按照合同约定完成带货业绩的，应当依约承担相应的返还责任。

二、直播带货中的脚本提供义务应当如何履行

与传统的销售相比，直播带货更像是一场综艺活动，有明星或者大 V 主播的坐镇，疯狂的粉丝涌入直播间助威并直接参与交易，甚至中间还穿插了才艺表演等。对一场综艺活动或者是一场演出而言，剧本是必不可少的灵魂。对于直播带货而言，直播脚本同样重要。有观点认为，直播脚本相当于影视作品中的剧本，应当包含九大因素，第一个因素是直播目标，也就是本场直播希望达到的目标是什么，需要数据化的具体要求，具体体现在观看量、点赞量、进店率等。第二个因素是人员安排，主播负责销售产品解释活动规则，辅助负责现场互动等，后台负责及时修改产品价格等。第三个因素是直播时间，定好时间之后准时开播。第四个因素是直播主体，保证直播在预设的主题方向上进行。第五个因素是直播时间安排，具体到分钟、直播时间段的安排。第六个因素是主推产品选择，带货产品卖点以及产品特征，帮助主播介绍产品的时候给粉丝提供的信息真实准确。第七个因素是优惠和活动。第八个因素是直播分享，包括直播结束之后直播的分享渠道。第九个因素是活动总结，直播活动完成之后进行总结。

直播脚本如此重要，那么在直播活动中谁应当提供直播脚本，提供方又应当提供什么样的脚本呢？

首先要尊重当事人之间的约定。《民法典》第五百零九条第一款规定：“当事人应当按照约定全面履行自己的义务。”直播带货的双方都是从事商事交易的主体，相比较于民事主体应当对自身权利义务具有更深刻的认识，因此在双

方有明确约定的情形下，要尊重双方当事人的意愿。在本案中，销售公司与直播公司明确约定直播脚本需在活动开始 72 小时之前，由销售公司提供给直播公司并得到直播公司和直播公司艺人的书面确认，未得到直播公司同意之前不得随意变更。因此销售公司具有提供直播脚本的义务。

对于应当提供的直播脚本样式、内容约定不明的如何处理？

《民法典》第五百一十条规定："合同生效后，当事人就质量、价款或者报酬、履行地点等内容没有约定或者约定不明确的，可以协议补充；不能达成补充协议的，按照合同相关条款或者交易习惯确定。"直播行业作为近年来由于技术推动而迅猛发展的新业态，判断直播脚本的样式内容类型应当结合各方在本次直播中的角色、直播场景、能参与或者掌控的直播环节等综合予以判断。比如作为直播活动的组织方，往往会对直播活动具有整体的掌控力，因此即便没有明确约定内容，其提供的脚本应当属于整场脚本，应当包含此次直播的整个流程内容。但是作为直播活动的货品提供单位，情形就会有所不同，因为在电商直播的人（主播）、货（商品）、场（平台）三个基本要素中，经营者在本次直播中仅能掌控部分货品，其他的并不在其掌控范围内。且从实践情形来看，主播往往在一次直播活动中为多个商家带货，作为商品的经营者只能把控住自己货品有关的部分，因此此时在脚本内容约定不明的情形下，应当认定经营者提供的是单品脚本。本案中双方对直播脚本的细节没有明确约定，在诉讼中，直播公司主张销售公司应当向其提供"不但要有流畅的故事性，甚至还包含着整个直播的全部流程内容"的整场脚本。但从双方约定，销售公司在合同中所有的义务和职责都与商品有关，其角色仅为本次直播提供销售商品的供应商角色，当天的直播也并非销售公司所售产品的独家专场直播，直播当天亦存在别的供货商家，销售公司并不与直播艺人直接取得联系，客观上不具备把控整个直播环节的条件。正是基于上述考虑，法院认定直播公司要求销售公司提供直播的整场脚本缺乏依据，法院认定销售公司仅应负责对所销售货品有关的单品脚本内容。

作为单品脚本内容而言，在合同缺乏进一步明确约定的情形下应当符合直播销售的目的和内容，应当包括但不限于商品功能、特点、价格优惠、宣传亮点等与商品本身及商品销售有关的必要信息，并且作为脚本，其并非简单的信息堆积，应当结合直播特点进行信息的优化创作，结合产品的特点的"梗"或者设计好产品的互动、抽奖环节，使用直播时的语言口吻，宣传的话术应更口语化，具备亲和力。在本案中,销售公司虽然向直播公司发送了产品信息说明,内容上不够丰富,且发送时距离直播前已不足72小时,这也是法院认定销售公司存在履行瑕疵,对直播失败承担一定责任的依据;但因为本案中,直播公司在收到销售公司发送的内容后直至直播前并未提出过异议,且考虑到销售公司提供的内容已经涵盖了与商品及销售有关的基本信息,因此法院最终认定销售公司对提供脚本内容的履行虽有瑕疵,应当减免直播公司的部分退还费用,但销售公司的脚本并非合同履行不尽如人意的根本原因,销售公司的行为不构成根本违约,故不应支持直播公司将直播失败责任全部归结于销售公司提供的脚本不行的主张。

我们认为,直播带货作为一种新型销售模式,服务费率相对较高,商家要根据自己货品的实际情况谨慎选择,不可盲目相信网红主播或明星的带货能力,以免得不偿失。作为新兴行业,很多概念尚未形成统一的认识,因此双方要在合同中尽可能明确新概念的具体含义和所对应的文件材料,进一步明确双方的权利义务,以避免可能因合同约定不明所带来的履约风险。

相关法律规范

《民法典》

第一百四十三条　具备下列条件的民事法律行为有效:

(一)行为人具有相应的民事行为能力;

(二)意思表示真实;

(三)不违反法律、行政法规的强制性规定,不违背公序良俗。

第五百零九条　当事人应当按照约定全面履行自己的义务。

当事人应当遵循诚信原则,根据合同的性质、目的和交易习惯履行通知、协助、保密等义务。

当事人在履行合同过程中,应当避免浪费资源、污染环境和破坏生态。

第五百一十条　合同生效后,当事人就质量、价款或者报酬、履行地点等内容没有约定或者约定不明确的,可以协议补充;不能达成补充协议的,按照合同相关条款或者交易习惯确定。

第五百一十一条　当事人就有关合同内容约定不明确,依据前条规定仍不能确定的,适用下列规定:

（一）质量要求不明确的，按照强制性国家标准履行；没有强制性国家标准的，按照推荐性国家标准履行；没有推荐性国家标准的，按照行业标准履行；没有国家标准、行业标准的，按照通常标准或者符合合同目的的特定标准履行。

（二）价款或者报酬不明确的，按照订立合同时履行地的市场价格履行；依法应当执行政府定价或者政府指导价的，依照规定履行。

（三）履行地点不明确，给付货币的，在接受货币一方所在地履行；交付不动产的，在不动产所在地履行；其他标的，在履行义务一方所在地履行。

（四）履行期限不明确的，债务人可以随时履行，债权人也可以随时请求履行，但是应当给对方必要的准备时间。

（五）履行方式不明确的，按照有利于实现合同目的的方式履行。

（六）履行费用的负担不明确的，由履行义务一方负担；因债权人原因增加的履行费用，由债权人负担。

（郑吉喆撰写）

二、运营账号的归属问题

关 键 词：合同约定　人身属性　财产利益

典型案例：MCN 模式下主播网络账号归属问题的司法认定标准——黄某诉某科技公司服务合同纠纷案

裁判要旨：网红博主与合作推广公司之间合同关系建立在信任基础上，具有一定人身属性。因此，在一方坚持主张解除合作关系的情况下，可以认定双方已丧失履行基础，对当事人主张的解除合同关系请求一般应予以支持。关于合同解除后账号归属问题，首先应当审查双方对此是否作出明确约定，再结合账号是否具有人身依附性及商业价值等事实综合予以认定。

案情简介

黄某在微博等平台开设账号“黄某的生活”。2018 年 10 月，黄某与某科技公司签订《IP 孵化合作协议》，约定科技公司为黄某在网络平台做合作、推广、IP

孵化与其他商务活动;本协议项下网络账号权属和出品方自始至终为科技公司,黄某及科技公司在网络账号上发表的任何内容均100%为科技公司所有;黄某在网络账号上的合作、推广、IP孵化以及其他商务活动交于科技公司作为全球独家唯一代理人;本协议有效期为5年,科技公司的义务包括,为黄某提供网络营销的方案或内容、在网络平台上进行推广、增加黄某内容的曝光度和美誉度(科技公司提供资源及对应价格)、及时支付费用;关于违约责任,任何一方如违反本协议,则违约方应向守约方承担违约责任,并承担赔偿责任,如违约严重,守约方可选择解除本协议;在本协议的有效期内,黄某若解约,应书面向科技公司提出解约同意书,在科技公司在该同意书上盖章签字后,黄某应为此支付100万元的违约金;在本协议期内,因网络账号所产生的一切收入,科技公司以税后净收入为基数,扣除相关成本后,按科技公司:黄某——7:3的比例进行分配;平台官方收益归博主个人所有。科技公司应于所有收入收到后于次月20个工作日内支付黄某相应款项。黄某在收到款项后3个工作日内未抗辩,视为对科技公司此前打款无任何异议。此后,双方两次签订补充协议,约定的收益分配比例分别为6:4、5:5。

2020年,黄某向人民法院提起诉讼,主张科技公司存在未履行合同约定的义务、隐瞒收入等情形,构成违约,要求解除双方合同、科技公司赔偿违约金10万元。科技公司不同意黄某的主张并提起反诉,要求黄某将诉争账号的注册手机号、密码变更为科技公司指定的手机号及密码,并要求黄某赔偿违约金80万元。诉讼中,双方认可已注册账号均由黄某注册,账号内容均由黄某创作、发布。

法院观点

一审法院经审理认为,黄某、科技公司于2018年10月22日签订的《IP孵化合作协议》及相关补充协议系双方真实意思表示,并不违反法律、行政法规的强制性规定,合法有效,双方均应依约履行。关于黄某主张科技公司存在违约,并据此要求解除合同的问题,科技公司提交证据证明其履行了对涉案账号的孵化推广义务,黄某虽对科技公司履行效果存异议,但未至根本违约的程度,黄某据此主张享有法定解除权,一审法院难以支持。关于科技公司是否隐瞒收入一节,根据合同约定,黄某"在收到款项后3个工作日内未抗辩,视为对

甲方此前打款无任何异议”。黄某现主张科技公司存在隐瞒、欠付行为，但未就此充分举证，一审法院对此难以采信。基于上述认定，黄某以科技公司违约主张享有解除权，一审法院难以支持。但考虑到涉案合同标的的履行须黄某创作、更新账号内容，黄某现明确表示不同意继续履行合同，合同客观上已履行不能，黄某主张解除合同，一审法院予以支持，宜判决合同于判决生效之日解除。

关于科技公司要求黄某将诉争账号的注册手机号、密码变更为科技公司指定的手机号及密码一节，庭审中，科技公司认可账号由黄某注册，即黄某系账号初始注册人、初始使用权人。因黄某、科技公司签订涉案协议，致黄某让渡相关权利给科技公司，现合同解除，科技公司理应向黄某返还相关权利。基于上述认定，就科技公司该项诉讼请求，一审法院难以支持。但黄某在合同有效期内提出解除合同致合同终止，黄某应按合同约定承担违约责任。但合同约定违约金过高，黄某亦申请予以酌减，综合考虑黄某的违约行为、科技公司的损失等，一审法院酌情判定黄某给付违约金 20 万元。

一审判决作出后，科技公司不服提起上诉，要求改判继续履行双方合同，相关账号注册手机号及密码变更为科技公司指定手机号及密码。二审法院认为，黄某虽然不享有相应法定解除权，但考虑到案涉合同标的履行需由黄某进行创作并更新账号内容，需要双方具备一定的信任基础，具有一定的人身属性。现黄某已明确表示不同意继续履行，故该合同客观上已无法继续履行，一审法院对于黄某要求解除案涉合同的诉讼请求予以支持并无不当。考虑到双方合同的履行实际情况、黄某违约行为、科技公司损失情况等，一审法院认定黄某应当支付违约金 20 万元亦无明显不妥。关于科技公司要求将相应账号注册的手机号及密码变更为其指定手机号及密码的诉讼请求，科技公司上诉主张，账号权属在协议中约定得非常清晰，应自始至终为科技公司所有，与合同关系是否解除无关。对此，二审法院认为，科技公司虽上诉主张案涉账号系自始至终由其公司所有，但根据已查明事实，科技公司认可相关账号系由黄某注册，即黄某系案涉账号初始注册人及使用人，故科技公司取得案涉账号系基于合同关系。案涉合同已因客观上履行不能而解除，科技公司理应向黄某返还相关权利。二审法院最终判决，驳回上诉，维持原判。

法官说法

网红经济催生的不止网络红人，一种服务于网红以及平台的机构也应运而生，它就是近几年非常热门的“MCN”。所谓的MCN(multi - channel network)，是跟随国外的YouTube视频网站衍生出来的新业态，意即“网红经纪公司”，本案中科技公司即为此类经纪公司。MCN机构一方面为网红提供经纪服务，另一方面为平台持续输出内容。当然，随着最初一批网红纷纷被签约，MCN机构也在通过各种方式培养有潜力的新生网红，因此也被称为“网红孵化器”。

对于MCN机构来说，最大的不稳定因素是网红的离开。但与传统的演艺经纪模式相比，网红本人对于经纪公司的重要性开始变得模糊起来。除了少数具有极强个人特色的明星网红之外，大部分网红其实常具有一定可替代性，靠公司的宣传营销孵化出来的网红尤为如此。因此，当某个网红突然与MCN机构解约，带来的影响并不像传统艺人离开经纪公司那么大。屏幕背后换一个风格或者长相都类似的主播，或许短期内会带来一定的粉丝损失，但持续运营下去，损失一般还是能够为增量所弥补的。因此，在这种情况下，已经积聚了大量粉丝的平台账号反而变成了网红和MCN机构聚焦的核心资产。

一、主播解约后，如何判断账号归谁所有？有哪些影响因素

（一）关于网络账号的法律性质

目前关于网络账号的性质主要有物权说、债权说、知识产权说、新型财产说等不同学说。我们认为，网络账号作为一种新型财产，其兼具人身性与财产性。人身性在于该账号属于主播的虚拟形象化身，并因平台实名制的要求与主播的个人信息所绑定。但主播与普通用户又有所不同，其个人虚拟形象主要是为了迎合市场需求实现商业利益所塑造的，这使得网络账号的人格体现被大大弱化。财产性在于当粉丝量累积到一定程度时，MCN机构与主播便能以网络账号作为手段，通过商业广告等方式达到将流量变现的最终目的，这也侧面说明了对MCN机构和网络主播来说最为重要的其实在于账号的使用价值。

（二）关于网络账号归属权的司法审查标准

在主播与MCN机构解约后，由于平台用户服务协议通常约定账号所有权归平台经营者，注册用户仅拥有账号的使用权。因此关于账号归属问题的争议，主要是关于账号的使用权争议。对此，司法实践中有两种观点：第一种观点

认为，账号应当归注册人使用。理由是账号已绑定主播个人信息，且账号登记注册施行实名制的前提下，不宜更换。第二种观点则认为，对于双方合同明确约定平台账号使用权归公司的情况下，账号应当归 MCN 机构使用。依据该观点认为，账号虽使用主播的个人身份证进行绑定，且完成实名认证，但主要由 MCN 机构对账号进行运行，账号体现的是 MCN 机构的意志，因此应确认 MCN 机构依约对账号享有的权益。我们认为，账号属于网络虚拟财产，具有较强的人身属性，故对于账号的使用权归属问题，需要结合双方协议约定、账号注册使用运行情况、平台规则等因素予以判断。

第一，关于合同条款及效力的审查。即法院应审查案涉合同是否对账号使用权问题进行了明确约定，该约定是否是 MCN 机构与主播的真实意思表示，是否存在可撤销事由，如主播系未成年人等；对于存在格式条款且 MCN 机构未尽到合理提示义务的，主播可依据民法典相关规定主张相关条款不构成合同内容。本案中，黄某与科技公司签订的《IP 孵化合作协议》中并未对协议解除后的账号使用权问题进行明确约定。

第二，关于账号注册使用及运行情况的考量。网络直播经济具有自身的特点，MCN 机构通过对网络账号的运营、投入，可积累大量粉丝、实现流量变现，并与主播共享收益，这是网络账号最核心的财产价值。因此，MCN 机构基于其投入对账号享有一定的财产利益。但有时相关账号的内容创作亦可能依赖于主播，故 MCN 机构并非独立享有账号的财产利益。具体到本案中，案涉账号均系黄某注册使用，且账号内容均由黄某创作、发布，即账号内容创作高度依赖于主播，账号所产生的经济价值与黄某本人的创作、形象和用户喜爱密不可分，与黄某之间具有较强的人身属性。

第三，关于平台规则的考量。《互联网用户公众账号信息服务管理规定》规定公众账号生产运营者不得不以真实身份信息注册，或者注册与自身真实身份信息不相符的公众账号名称，并且规定了账号的转让需经平台审核并进行主体变更公示。本案中，考虑到黄某以个人信息进行实名认证的自媒体账号具有一定的人身属性，在账号未完成主体变更公示前，不宜由 MCN 机构控制主播账号。

因此，综合案涉账号的注册、运营及创作情况，并参照《互联网用户公众账号信息服务管理规定》的相关规定，我们认为，在双方协议对于账号权属未明确约定的情况下,考虑案涉网络账号已与主播个人身份信息相绑定,具有一定的人身属性,在合同解除时,相关网络账号的使用权宜归属主播个人。

二、账号的商业价值可能引发哪些财产纠纷

除直播账号归属争议外,实践中,主播与 MCN 机构之间还可能引发因主播拒绝履行或未完全履行合同的义务、MCN 机构未依照约定提供相关资源或者支付报酬等带来的合同纠纷,以及主播或 MCN 机构与第三方之间的广告代言纠纷、合作纠纷等。

在越来越扩大的市场和越来越细分的形态之下,账号归属只是其中需要关注的核心问题之一。如何在传统经纪模式的法律框架之下,结合网红经纪的特殊情况,对各方给予行之有效的保护,需要法律及行业专家的共同智慧,这不仅关乎千千万万网红或 MCN 机构的个人命运,更是整个产业良性发展的题中之意。

相关法律规范

《民法典》

第五百六十三条　有下列情形之一的,当事人可以解除合同:

(一)因不可抗力致使不能实现合同目的;

(二)在履行期限届满前,当事人一方明确表示或者以自己的行为表明不履行主要债务;

(三)当事人一方迟延履行主要债务,经催告后在合理期限内仍未履行;

(四)当事人一方迟延履行债务或者有其他违约行为致使不能实现合同目的;

(五)法律规定的其他情形。

以持续履行的债务为内容的不定期合同,当事人可以随时解除合同,但是应当在合理期限之前通知对方。

第五百七十七条　当事人一方不履行合同义务或者履行合同义务不符合约定的,应当承担继续履行、采取补救措施或者赔偿损失等违约责任。

(田　璐　郭欣欣撰写)

三、主播违约的损害赔偿责任

关 键 词：主播违约　损害赔偿

典型案例：网络主播经纪合同约定的违约金过高时依据公平原则、诚实信用原则确定违约金

裁判要旨：网络主播未按照合同约定进行直播或者违反独家协议擅自在其他平台进行直播的，构成违约，应承担违约责任。为了降低商业合作风险，在签订网络主播经纪合同时，公司往往通过设定高额违约金条款对主播进行管理。法院在裁判时，应遵循以下原则对违约损失予以认定：(1)损失赔偿额应当相当于违约所造成的损失，包括合同履行后可以获得的利益，但不得超过违反合同一方订立合同时预见到或者应当预见到的违反合同可能造成的损失；(2)当事人主张约定的违约金过高请求予以适当减少的，人民法院应当以实际损失为基础，兼顾合同的履行情况、当事人的过错程度以及预期利益等综合因素予以酌减；(3)依据公平原则和诚实信用原则予以衡量。

案情简介

2019年12月，网络科技公司与黄某签订《主播合作协议》。双方约定：网络科技公司负责管理黄某在某直播平台上的直播活动，并积极利用资源为黄某宣传推广，提升黄某在某直播平台上的形象及知名度；黄某应按照公司的要求、在公司的指导下安排其在某直播平台的直播活动。黄某保证以个人名义独家且排他地入驻某直播平台，且在协议有效期内未经公司事先同意不会通过与除某直播平台外的任何其他直播平台等开展一切形式的直播活动。若黄某未能在公司指定的期限内及时纠正其违约行为，视为重大、根本违约，公司有权随时解除协议，不再支付协议项下尚未支付的任何款项，不再提供任何推广扶持资源及奖励，同时黄某应在公司通知后10个工作日内向公司退还公司在协议项下的全部已付款项，并向公司支付违约金，违约金金额为黄某在协议有效期内所获得全部收益的5倍或500万元，违约金取两者中较高者……《主播合作协议》签订后至2020年7月31日，黄某在某直播平台进行直播，粉丝量最多时约为100万人。但黄某在2020年7月31日后未在某直播平台进行任何直播活动。网络科技公司向黄某发送《警告函》，但黄某并未停止在其他平台的直播行

为。2020 年 11 月 25 日，网络科技公司向黄某发送《关于解除〈主播合作协议〉的通知》。一审诉讼中，网络科技公司表示：因黄某的违约行为，网络科技公司的实际损失包括平台运营成本、预期收益、宣传推广、线上公演成本、流量投入、频道推荐位、电视节目推荐、黄某在某/该直播平台的收入及公司此次维权费用。

法院观点

经审理，一审法院认为，网络科技公司与黄某所签《主播合作协议》属合法有效，双方均应依约履行各自义务。黄某的前述行为已构成违约，网络科技公司有权要求黄某支付违约金。本案中，黄某表示网络科技公司主张的违约金金额过高，一审法院从以下方面予以考量。第一，“实际损失”方面，网络科技公司称因黄某违约造成的实际损失包括平台运营成本、宣传推广、线上公演成本、流量投入、频道推荐位、电视节目推荐、维权费用等。针对平台运营成本、宣传推广中提供场地及工作人员和后期制作费用，网络科技公司未提交任何证据佐证，应自行承担举证不能的法律后果。针对宣传推广中提供澳门、长沙往返郑州的交通及住宿、电视节目推荐价值费用，即使网络科技公司确曾支付前述费用，依据庭审查明之事实，网络科技公司推荐黄某参与某电视节目录制、安排黄某前往澳门进行线下拍摄的时间均发生在双方签订《主播合作协议》之前，故对前述费用与本案之关联性，一审法院不予认定。网络科技公司关于前述费用作为其因黄某在《主播合作协议》项下违约行为而受到的实际损失的主张，一审法院不予采纳。针对线上公演成本，网络科技公司提交有名为“白名单管理”的网页截屏，黄某表示不清楚网络科技公司所谓线上公演的推广情况，现无证据证明网络科技公司提交的“白名单管理”网页截屏与线上公演的对应关系，亦无证据证明黄某实际参与了网络科技公司安排的线上公演，故网络科技公司相关陈述，一审法院难以采信。针对流量投入、频道推荐位，网络科技公司提交的频道推荐位管理网页截屏、流量投放计划总表网页截屏，可登录互联网复现，无相反证据推翻，一审法院采信网络科技公司关于在网页截屏所载相应时间对黄某“某直播平台”账户进行宣传推广的陈述，但网络科技公司提交的频道推荐位管理网页截屏记载部分推荐时间发生在双方签订《主播合作协议》之前，对该部分推荐与本案之关联性，一审法院不予认定。网络科技公司称每次宣传推荐价值

1000元,现无证据证明网络科技公司曾在《主播合作协议》约定的合作期限内对其所述价格进行公示,亦无证据证明黄某对该价格知悉且认可,一审法院综合全案予以考量。针对维权费用,相应费用黄某应予承担。第二,“当事人过错程度”方面,黄某认为网络科技公司未在合作期限内对其尽到宣传推广义务。依据一审庭审查明之事实,网络科技公司在《主播合作协议》的合作期限内为黄某提供的宣传推广方式仅为频道推荐位及流量投放,结合黄某与网络科技公司签订的独家经纪合约,黄某在签约前已具有百万粉丝基础等情况,网络科技公司在双方签约后为黄某提供的宣传推荐方式、频次,较双方签约前确有一定差距。一审法院在衡量违约金数额时,予以一并考量。第三,“预期利益”方面,双方合作期限截至2020年11月30日,黄某在2020年7月31日后未在“某直播平台”进行任何直播,网络科技公司在2020年2月27日后未再向黄某分配过直播收益,一审法院结合双方正常履约时网络科技公司获得平台分成的情况、黄某剩余未履行期间等因素予以综合考量。综上,经核算,一审法院认为网络科技公司主张的违约金金额过高,依据公平原则和诚实信用原则,一审法院将违约金金额调整为70万元。据此,一审法院于2022年3月判决如下:一、黄某于判决生效之日起10日内给付网络科技公司违约金70万元;二、驳回网络科技公司的其他诉讼请求。二审判决:驳回上诉,维持原判。

法官说法

一、主播违约的损失赔偿应遵循哪些原则

上述案例涉及的网络直播行业是当前互联网技术和信息通信技术蓬勃发展之下的产物,但因缺乏相应的规制,部分直播平台高薪挖人抢人,部分主播随意跳槽,直播平台受制于线下管理手段不足,在签约时公司往往通过设定高额违约金条款对主播进行管控或降低商业合作风险。但合同自由并非绝对,需以合同正义予以规制。如果任由当事人约定过高的违约金且以意思自治原则为由予以支持,无异于鼓励当事人通过不正当的方式取得暴利,也可能促使一方为取得高额违约金而故意引诱对方违约。

主播违约的损失赔偿应遵循以下原则:(1)损失赔偿额应当相当于因违约所造成的损失,包括合同履行后可以获得的利益,但不得超过违反合同一方订立合同时预见到或者应当预见到的因违反合同可能造成的损失;(2)当事人主

张约定的违约金过高请求予以适当减少的，人民法院应当以实际损失为基础，兼顾合同的履行情况、当事人的过错程度以及预期利益等综合因素，根据公平原则和诚实信用原则予以衡量，并作出裁决。

基于合同中约定的违约金金额过高，对损失赔偿可以从以下方面予以考量并进行调整：第一，“实际损失”方面，(1)公司对主播的前期投入成本，比如平台运营成本、设备投入、前期培训成本等；(2)宣传推广成本，比如流量投入、刷礼物费用、推荐位广告、形象包装、营销费用等；(3)维权费用等。第二，“当事人过错程度”方面，为了吸引主播尤其是有一定粉丝基础的大主播进行签约，公司往往会对主播进行承诺甚至在合同中约定公司向主播提供各类推广扶持资源，依托公司资源和专业宣传团队提升主播的流量和知名度。但签约后，公司为主播提供的宣传推荐方式、频次，投入的宣传推广成本较双方签约前有一定差距。加之直播平台新旧更替较快，主播收益与预期收益差距较大；结合主播与公司签订的合约为独家经纪合约，在衡量损失赔偿方面时，应对此一并考量。第三，“预期利益”方面，守约方有权要求违约方损失赔偿额的范围包括合同履行后可以获得的利益。法院应结合双方正常履约时公司获得平台分成的情况予以综合考量。

二、如何认定主播对平台造成的实际损失和预期损失

1.“实际损失”方面，可以从以下几个方面考虑：(1)公司对主播的前期投入成本，比如平台运营成本、设备投入、前期培训成本等；(2)宣传推广成本，比如流量投入、刷礼物费用、推荐位广告、形象包装、营销费用等；(3)维权费用等。

2.“预期损失”方面，守约方有权要求违约方损失赔偿额的范围包括合同履行后可以获得的利益，法院应结合双方正常履约时公司获得平台分成的情况、直播账号粉丝数、直播点赞量等数据予以综合考量。

相关法律规范

《民法典》

第五百八十四条　当事人一方不履行合同义务或者履行合同义务不符合约定，造成对方损失的，损失赔偿额应当相当于因违约所造成的损失，包括合同履行后可以获得的利益；但是，不得超过违约一方订立合同时预见到或者应当预见到的因违约可能造成的损失。

第五百八十五条　当事人可以约定一方违约时应当根据违约情况向对方支付一定数额的违约金，也可以约定因违约产生的损失赔偿额的计算方法。

约定的违约金低于造成的损失的，人民法院或者仲裁机构可以根据当事人的请求予以增加；约定的违约金过分高于造成的损失的，人民法院或者仲裁机构可以根据当事人的请求予以适当减少。

当事人就迟延履行约定违约金的，违约方支付违约金后，还应当履行债务。

（姜　君　王慧君撰写）

四、新业态下商业秘密、竞业限制的认定

关 键 词：网络红人　商业秘密　竞业限制

典型案例：王某与甲公司劳动争议案——节目网络主播违反竞业限制协议的，应依约支付违约金

裁判要旨：劳动者主张竞业限制协议中约定的违约金过高要求酌减的，应承担违约金过高的举证责任。认定违约金是否过高不宜简单将用人单位支付的竞业限制补偿金数额与违约金数额相比较，应综合考虑用人单位因此产生的损失程度。

案情简介

甲公司与王某的劳动关系存续期间为2016年4月25日至2017年7月31日。甲公司注册有“＊吃播”，后改名为“A吃播节目”，王某在职期间负责运营前述节目，并作为主播出镜。

王某在职期间，甲公司作为甲方，王某作为乙方，双方签订《保密，竞业禁止及知识产权保护协议》，其中约定：3.1　除公司与员工另有书面约定外，在受雇于公司期间以及员工与公司的劳动关系结束后的两年内，在中国法律允许的最大范围内，员工不得直接地或间接地设立、经营、参与任何与公司或任何关联公司直接或间接竞争的实体，不得直接或间接地为该等实体或个人工作、提供财务支持、担保或任何建议，亦不得直接地或间接地从事任何与公司或其任何关

联公司业务相类似的活动;3.2 鉴于员工在劳动关系结束后对公司负有不竞争义务,在员工与公司的劳动关系终止或解除之后,在签署第3.1条约定的竞业禁止期限内,公司应按月向员工支付补偿金,每月的补偿金数额为员工与公司的劳动关系因劳动合同终止或解除等原因结束前该员工月收入的30%……如果乙方违反本协议竞业禁止规定,除甲方或其关联公司根据其与乙方签署的其他文件中规定的或法律赋予的救济外,应当向甲方支付违约金,数额为人民币100万元。

双方另签订有《网络红人经纪合约》,约定双方同意进行独家排他性的经纪管理合作,王某委托A公司担任其独家全球经纪管理人。

甲公司于2017年10月30日向王某转账15 300元,用以支付王某2017年8月至10月3个月的竞业限制补偿金。

王某从甲公司离职后以乙公司CEO的身份参加该公司全新推出的新媒体业务线"B吃播节目"项目。故此,双方产生争议,甲公司就本案劳动争议向北京市朝阳区劳动人事争议仲裁委员会(以下简称朝阳仲裁委)提出仲裁申请。2019年1月10日,朝阳仲裁委裁决:(1)王某支付甲公司违约金100万元;(2)王某继续履行竞业禁止约定;(3)驳回甲公司的其他仲裁请求。王某不服该仲裁裁决,诉至法院,要求不支付违约金100万元且无须继续履行竞业禁止约定。

法院观点

生效裁判认为,关于王某是否属于竞业限制的人员。考虑到互联网直播类节目的特点,新颖性是该类节目的核心竞争力之一,关系到甲公司的收益,而王某作为行政人员能接触到涉案项目的相关商业秘密,且双方亦自愿签订了《保密,竞业禁止及知识产权保护协议》,故法院认为王某属于《劳动合同法》第二十四条第一款规定的"其他负有保密义务的人员"。甲公司与王某签订的《保密,竞业禁止及知识产权保护协议》并不违反法律规定,应属合法有效。

关于王某是否应向甲公司支付违约金及违约金数额。甲公司提交的相关证据显示王某作为乙公司的CEO参与了乙公司全新推出的新媒体业务线"B吃播节目"项目。王某在甲公司负责运营"*吃播""A吃播节目",两个项目都是吃播类节目,内容相近,由此可以认定王某的行为违反了双方签订的《保密,竞业禁止及知识产权保护协议》的相关约定,其应按照该份协议约定向甲公司支付违约金。本案中,王某并未就双方约定的违约金数额过分高于其违约行为给甲公司造成的损失提交充分有效的证据予以证明，应承担举证不能的不利后果，故法院对王某主张的违约金过高应当酌减不予采信。

法官说法

一、公开的网络直播节目是否属于商业秘密

《反不正当竞争法》第九条第四款规定："本法所称的商业秘密，是指不为公众所知悉、具有商业价值并经权利人采取相应保密措施的技术信息、经营信息等商业信息。"由此可知，商业秘密具有秘密性、措施性和价值性的特点，法院认定某信息能否构成商业秘密一般从前述三方面进行考量。

秘密性，即该商业秘密不为公众所知悉，相关信息尚未进入公开领域，他人无法轻易从公开领域或行业常识中获得。审查相关信息是否具有秘密性一般基于两个因素：一是商业秘密权利人开发该信息所耗费的人力财力等投入程度。很多情形下，虽然权利人主张的商业秘密中包含的信息均能从公开渠道获得，但权利人从海量商业信息中进行了调查、筛选、与政府磋商、分析、编辑、选排等工作，耗费了大量的人力财力，基于对劳动成果的保护，这些信息亦应当受到保护，能够被认定为"不为公众所知悉"。二是他人使用正当手段获取该商业秘密的难易程度。相当于同一枚硬币的正反面，权利人开发该商业秘密的投入力度与他人使用正当手段获取该商业秘密的难度呈正相关。应当注意的是，"不为公众所知悉"属于消极事实，权利主张人仅需就涉诉信息处于"不为公众所知悉"的状态充分地予以说明即可，并不需要就此承担举证责任。若被控侵权人主张所涉信息并非"不为公众所知悉"，应当其举证证明所涉信息已为公众所知悉，并就其获取涉诉信息的方式进行举证。本案中，甲公司提交的证据显示了该公司为运营国内首个吃播类直播节目" * 吃播""A 吃播节目"的投入情况及相关节目运营以来的粉丝增长态势，能够证明甲公司为运营相关节目付出了较多人力财力，相关信息不为公众所知悉。

措施性指商业秘密权利人对商业秘密信息采取保密措施予以保护、管理。商业秘密权利人开发商业秘密后应对该信息采取措施阻碍信息流通，进而达到维护商业秘密"不为公众知悉"的特性。从理性经济人的思维出发，前述措施合理即可，不宜要求过苛，只要权利人所采取的措施与商业秘密的商业价值、研发成本、获取难度相适应，能够起到防止信息泄露的作用，即可认定权利人已经采

取了合理保密措施。司法实践中，最常见的措施即签订保密协议。本案中，甲公司与包括王某在内的能接触到相关信息的人均签订了保密协议，能够据此认定甲公司已采取合理措施对商业秘密进行保护。

价值性即商业秘密应当具有商业价值，能够给权利人带来经济收益或竞争优势。《最高人民法院关于审理侵犯商业秘密民事案件适用法律若干问题的规定》(以下简称《商业秘密司法解释》)第一条第二款规定："与经营活动有关的创意、管理、销售、财务、计划、样本、招投标材料、客户信息、数据等信息，人民法院可以认定构成反不正当竞争法第九条第四款所称的经营信息。"前述条款规定了经营活动的商业秘密范围。第七条第一款规定："权利人请求保护的信息因不为公众所知悉而具有现实的或者潜在的商业价值的，人民法院经审查可以认定为反不正当竞争法第九条第四款所称的具有商业价值。"网络直播是近年来出现的新兴经营活动，网络直播的形式、内容及出镜网络主播个体本身都会与网络直播流量直接关联，对网络直播经济收益有较大影响。根据前文所引《商业秘密司法解释》的规定，与经营活动有关的创意属于经营信息，可以属于商业秘密。对于网络直播节目而言，新颖性是该类节目的核心竞争力之一。鉴于此，与网络直播有关的创意应属于商业秘密。甲公司运营的国内首个吃播类直播节目这一创意具有新颖性，能够创造商业价值，故应属商业秘密保护范畴。

二、如何认定运营新节目是否违反竞业限制

根据《劳动合同法》第二十三条的规定，用人单位为保守其商业秘密和与知识产权相关的保密事项，可以与负有保密义务的劳动者在劳动合同或者保密协议中约定竞业限制条款。如劳动者违反竞业限制约定，应当按照约定向用人单位支付违约金。

竞业限制的目的在于，一方面能够防止劳动者离职后携带原用人单位的秘密为新用人单位服务，另一方面能够防止劳动者离职后另起炉灶利用原用人单位的秘密自行盈利。

关于竞业限制的主体范围，根据《劳动合同法》第二十四条的规定，该范围应限于用人单位的高级管理人员、高级技术人员和其他负有保密义务的人员。由此可知，竞业限制协议只应适用于用人单位相对重要岗位或确实掌握商业秘密的劳动者，而非所有劳动者。若要求每个员工都履行竞业限制义务，不但企业需要因支付竞业限制补偿金而大幅增加经营成本，而且相关竞业限制条款亦将形同虚设,相关竞业限制条款可能因超出必要限度、限制了劳动者自由择业、就业的权利而被法院认定无效。

关于如何认定劳动者是否违反竞业限制义务,根据"谁主张,谁举证"的基本举证原则,用人单位主张劳动者违反竞业限制义务,应当就如下三方面进行举证:第一,证明劳动者属于履行竞业限制义务的适格主体;第二,证明劳动者的新用人单位或新设立企业与原用人单位存在"同类产品、同类业务"的竞争关系;第三,证明劳动者存在违反竞业限制义务的行为。当然前述举证责任的分配亦非绝对,在原用人单位初步举证后,若能达到"高度盖然性"标准时,应当由劳动者进行自我举证或合理解释,否则劳动者应自行承担不利后果。

具体到本案,王某在职期间主管甲公司的行政事务,直接参与甲公司直播项目的研发、制作、发布,也出镜担任主播,其了解和掌握该项目的投入、发布、与相关媒体平台合作情况等核心内容,故应属《劳动合同法》第二十四条第一款规定的"其他负有保密义务的人员"。王某在甲公司负责运营"＊吃播""A 吃播节目",后又以 CEO 身份参与了乙公司全新推出的新媒体业务线"B 吃播节目"项目,两个项目都是吃播类节目,内容相近,由此可以认定王某的行为违反了双方签订的《保密,竞业禁止及知识产权保护协议》的相关约定,故其应按照该份协议约定向甲公司支付违约金。

相关法律规范

《劳动合同法》

第二十三条　用人单位与劳动者可以在劳动合同中约定保守用人单位的商业秘密和与知识产权相关的保密事项。

对负有保密义务的劳动者,用人单位可以在劳动合同或者保密协议中与劳动者约定竞业限制条款,并约定在解除或者终止劳动合同后,在竞业限制期限内按月给予劳动者经济补偿。劳动者违反竞业限制约定的,应当按照约定向用人单位支付违约金。

第二十四条　竞业限制的人员限于用人单位的高级管理人员、高级技术人员和其他负有保密义务的人员。竞业限制的范围、地域、期限由用人单位与劳动者约定,竞业限制的约定不得违反法律、法规的规定。

在解除或者终止劳动合同后,前款规定的人员到与本单位生产或者经营同类产品、从事同类业务的有竞争关系的其他用人单位,或者自己开业生产或者经营同类产品、从事同类业务的竞业限制期限,不得超过二年。

《反不正当竞争法》

第九条　经营者不得实施下列侵犯商业秘密的行为:

(一)以盗窃、贿赂、欺诈、胁迫、电子侵入或者其他不正当手段获取权利人的商业秘密;

(二)披露、使用或者允许他人使用以前项手段获取的权利人的商业秘密;

(三)违反保密义务或者违反权利人有关保守商业秘密的要求,披露、使用或者允许他人使用其所掌握的商业秘密;

(四)教唆、引诱、帮助他人违反保密义务或者违反权利人有关保守商业秘密的要求,获取、披露、使用或者允许他人使用权利人的商业秘密。

经营者以外的其他自然人、法人和非法人组织实施前款所列违法行为的,视为侵犯商业秘密。

第三人明知或者应知商业秘密权利人的员工、前员工或者其他单位、个人实施本条第一款所列违法行为,仍获取、披露、使用或者允许他人使用该商业秘密的,视为侵犯商业秘密。

本法所称的商业秘密,是指不为公众所知悉、具有商业价值并经权利人采取相应保密措施的技术信息、经营信息等商业信息。

《最高人民法院关于审理侵犯商业秘密民事案件适用法律若干问题的规定》

第一条　与技术有关的结构、原料、组分、配方、材料、样品、样式、植物新品种繁殖材料、工艺、方法或其步骤、算法、数据、计算机程序及其有关文档等信息,人民法院可以认定构成反不正当竞争法第九条第四款所称的技术信息。

与经营活动有关的创意、管理、销售、财务、计划、样本、招投标材料、客户信息、数据等信息,人民法院可以认定构成反不正当竞争法第九条第四款所称的经营信息。

前款所称的客户信息,包括客户的名称、地址、联系方式以及交易习惯、意向、内容等信息。

(龚勇超　郭妍子撰写)

五、网络模式下的财产执行

关 键 词：主播违约　强制执行

典型案例：某主播执行案

裁判要旨：网络模式下强制执行可利用网络直播这种新媒体的快速传播作用，采用网络短视频的形式公布失信被执行人信息，以此对被执行人施加舆论压力，客观上促使被执行人履行生效法律文书确定的义务。

案情简介

2019年4月3日，法院立案执行某传媒公司与丁某某仲裁执行一案。广州仲裁委员会作出的裁决书显示，被执行人丁某某的"跳槽"行为给原直播平台造成较大经济损失，裁决其支付某传媒公司违约金2000余万元。因丁某某未在法定期限内履行生效仲裁裁决确定的义务，某传媒公司向法院申请强制执行。

法院观点

执行过程中，法院于2019年4月4日向被执行人丁某某的住所地、注册公司办公地邮寄了执行通知书、报告财产令、传票等法律文书，并通过电子平台推送执行短信，但被执行人并未按照传票通知的时间到庭谈话，也未申报财产。同时，法院继续按照法定执行程序推进该案件的后续工作。承办人通过最高人民法院网络查控系统对其进行了财产统查，发现被执行人丁某某户籍地位于黑龙江省某市，其在当地有银行账户及不动产。随后立即对其银行账户进行了网络冻结，并委托某法院对其名下房产进行了查封。在被执行人丁某某经传票传唤无正当理由拒不到庭、拒不履行法律文书确定的给付义务、拒不申报财产的情况下，法院于2019年6月10日将其列入失信被执行人名单，并对其采取限制消费措施。即便如此，丁某某仍不配合法院执行工作，继续在其直播间"炫富"、卖货，并向观看视频的人表示其对法院执行案件完全无视。

鉴于本案性质和被执行人的特殊身份，法院执行团队在收案后立即开始浏览、关注丁某某的直播账号，并收集相关视频资料。执行团队通过梳理大量视频资料发现,丁某某经常在某短视频平台账号为“刘某某”的直播间“炫富”,或是价值百万元的“奔驰大 G”,或是一小时上百万元的“带货量”,直播视频通常会有近万人在线观看,网友“打赏”的礼物更是价值不菲。

在采取相关执行措施且被执行人名下已无其他传统财产的情况下,法院执行人员于 2019 年 4 月前往某短视频直播平台总部查封了被执行人丁某某的直播账户及资金账号,某公司根据法院要求对“刘某某”账号采取了封号措施。当天,丁某某发现其账号被封,但仍未与法院联系,也未履行本案生效法律文书确定的义务,而是选择使用他人的账号继续直播。

2019 年 6 月 13 日,丁某某使用他人账号在某直播间直播其婚礼“盛况”。法院抓住这一时机,一方面采取相关技术手段对其直播视频进行留存,以作为其拒不履行法律义务的证据,另一方面制定了借助直播平台促其执行的工作方案。14 日,法院通过某短视频直播平台、法院官方微博公布了被执行人丁某某的失信被执行人信息,向其喊话:“刘某某”别“留一手”,忙着直播也别忘了还钱! 同时向社会征集丁某某的财产线索。头一天“不差钱”的婚礼与第二天欠债不还的形象马上引起了强烈的社会反响! 视频点击量很快突破 1000 万次,登上了今日头条。网友们更是一边倒地质问丁某某为什么有钱办豪华婚礼,没钱履行生效法律文书。一时间,丁某某的所有直播平台被网友的声讨淹没,丁某某非常尴尬地在直播平台回应,自己确实没有钱,“炫富”只是在作秀,同时也表示会尽快筹款履行义务。

网络直播使丁某某的形象一下从“大款”变成了“网红”被执行人,其受到了社会公众的一致谴责。在“千万级围观”的巨大舆论压力下,执行程序开始后就一直没有露面的丁某某很快在法院现身,表示愿意与申请执行人协商并履行本案债务。

2019 年 6 月 27 日,在法院执行法官的见证下,申请执行人某传媒公司与被执行人丁某某签订了执行和解协议,约定了分期还款的金额和还款期限。申请执行人的债权通过执行和解的方式得以实现。

法官说法

近年来,“短视频直播”这类新媒体传播形式越来越受到大众的追捧,很多“网红”主播因此名利双收,网络主播已经成为一种新兴职业。在利益的驱动下，一些主播在有一定影响力后，不惜以违约的方式跳槽到更有影响力的平台，引发原平台运营商不满，因此发生矛盾进入仲裁或诉讼程序，并最终成为被执行人，本案被执行人丁某某就是其中之一。在攻坚“解决执行难”的大背景下，面临“短视频直播”这个社会新兴行业中产生的法律纠纷，如何利用被执行人“主播”的特殊身份，充分发挥新媒体受众面广、传播速度快、影响力大的作用，借鉴“水能载舟，亦能覆舟”的原理，探索执行工作财产查控、信用惩戒新路径、弘扬诚实守信价值观，是值得思考和探索的问题。本案中，申请执行人与被执行人签订的《经纪合同》中约定了仲裁管辖条款，故申请执行人向广州仲裁委员会提起仲裁，要求被执行人丁某某承担违约责任。

一、仲裁裁决强制执行的法律流程是什么

仲裁裁决执行案件，是指当事人申请人民法院执行仲裁机构依据《仲裁法》作出的仲裁裁决或者仲裁调解书的案件。

仲裁机构作出的仲裁裁决或者仲裁调解书生效后，权利人可以向被执行人住所地或者被执行的财产所在地的中级人民法院申请强制执行。

案件立案执行后，执行法官会针对具体案件情况，在法定期限内向被执行人发出执行通知书、报告财产令，同时对被执行人名下的银行存款、网络资金、不动产、车辆、对外投资等情况进行网络查询，核实申请执行人提交的财产线索，及时采取查封、冻结、扣押措施，对于符合条件的被执行人，执行法院依法对被执行人采取限制消费措施及列入失信被执行人名单措施。

二、运用网络助力执行的新方式有哪些

（一）精准网络查控，“利剑”时刻出击

经过2016年至2019年“基本解决执行难”攻坚，全国各级法院充分运用“总对总”网络执行查控系统，线上发起网络查控，根据网络查控反馈结果及时采取冻结、扣划等措施，通过网络司法拍卖平台公开透明发布拍卖信息，将执行工作由“路上”转到“网上”。

通过互联网信息数据共享，执行法院把列入失信被执行人名单和限制高消费措施落到实处，信用惩戒措施上网可查，为诚信中国建设添砖加瓦。

（二）加强联动协同，构建执行“天网”

针对异地财产距离远，不可控因素较多，现场执行受阻这一问题，执行干警不断创新执行方式，调整工作思路，通过与被执行人财产所在地法院进行联系，

积极寻求兄弟法院的支持帮助，将部分执行事项通过网络委托平台委托给异地财产当地法院协助办理，最大限度减轻案件执行进度受物理距离影响的程度，做到了异地财产“不放松”，案件执行“不耽误”。

（三）运用网络平台，“云端”执行促和谐

执行法官灵活运用“互联网法庭”模式开展线上执行工作，通过云法庭、微法院、腾讯会议、微信等软件采取网络视频方式约谈当事人、促成执行和解以及开展执行听证、质证等工作。“云端”达成和解协议，及时对执行案件加以推进，敦促被执行人主动履行给付义务。

结合本案，从事短视频网络直播类新兴职业的被执行人，其收入来源主要依靠网友“打赏”，对社会大众的依赖程度高，一旦形象崩塌，便会受到大众的强烈谴责。法院将被执行人的失信信息在短视频平台进行公开，会对被执行人形成强大的舆论压力，这种无形的舆论压力带给被执行人的负面影响远远超出了“限制消费”“罚款”“拘留”等传统强制执行措施的力度，同时也克服了被执行人身处外地，故意回避执行的限制，实现了“隔山打牛”“精确打击”的执行效果。因此，执行过程中，要善于发挥社会大众的舆论监督作用，促使被执行人履行生效法律文书确定的义务。

法院在短视频平台发布失信被执行人信息后，社会反响强烈，既有对失信被执行人的抨击，更有对人民法院执行工作的力度和措施的认可，在提升全社会解决“执行难”的信心，弘扬遵法、守法、用法方面起到了积极推动作用。同时，短视频直播的受众主体主要是涉世不深的年轻人甚至是未成年人，他们是国家未来的主人。这种年轻人喜闻乐见的宣传形式，能让他们感受到法律的尊严、执行的威力，意识到“失信”行为的错误和危害，更有利于全社会诚实守信价值观及氛围的形成与传承。

新时代人民法院将树立并强化创新意识，多渠道开拓财产查控、信用惩戒措施，找到破解“执行难”的根本路径，全面强化各项执行工作，为经济社会发展保驾护航。

相关法律规范

《民事诉讼法》(2023 年修正)

第二百五十三条　被执行人未按执行通知履行法律文书确定的义务，人民法院有权向有关单位查询被执行人的存款、债券、股票、基金份额等财产情况。人民法院有权根据不同情形扣押、冻结、划拨、变价被执行人的财产。人民法院查询、扣押、冻结、划拨、变价的财产不得超出被执行人应当履行义务的范围。

人民法院决定扣押、冻结、划拨、变价财产，应当作出裁定，并发出协助执行通知书，有关单位必须办理。

第二百五十四条　被执行人未按执行通知履行法律文书确定的义务，人民法院有权扣留、提取被执行人应当履行义务部分的收入。但应当保留被执行人及其所扶养家属的生活必需费用。

人民法院扣留、提取收入时，应当作出裁定，并发出协助执行通知书，被执行人所在单位、银行、信用合作社和其他有储蓄业务的单位必须办理。

第二百五十五条　被执行人未按执行通知履行法律文书确定的义务，人民法院有权查封、扣押、冻结、拍卖、变卖被执行人应当履行义务部分的财产。但应当保留被执行人及其所扶养家属的生活必需品。

采取前款措施，人民法院应当作出裁定。

《最高人民法院关于人民法院办理仲裁裁决执行案件若干问题的规定》

第二条　当事人对仲裁机构作出的仲裁裁决或者仲裁调解书申请执行的，由被执行人住所地或者被执行的财产所在地的中级人民法院管辖。

符合下列条件的，经上级人民法院批准，中级人民法院可以参照民事诉讼法第三十八条的规定指定基层人民法院管辖：

（一）执行标的额符合基层人民法院一审民商事案件级别管辖受理范围；

（二）被执行人住所地或者被执行的财产所在地在被指定的基层人民法院辖区内。

被执行人、案外人对仲裁裁决执行案件申请不予执行的，负责执行的中级人民法院应当另行立案审查处理；执行案件已指定基层人民法院管辖的，应当于收到不予执行申请后三日内移送原执行法院另行立案审查处理。

（魏志斌　李　曼撰写）

第五章　网络打赏相关法律问题

一、网络经营者对未成年人的直播打赏行为应尽相应的注意义务

关 键 词：未成年人　网络交易　打赏　注意义务

典型案例：网络经营者对未成年人的直播打赏行为应尽的注意义务

裁判要旨：在电子合同交易的框架下，本案对于合同交易主体、法定代理人对未成年人网络消费行为的同意方式，网络平台经营者的注意义务方面均做了突破性的认定。本案中，合议庭在证据认定的方式上选择了从涉案账号的注册信息、使用情况、消费情况、当事人自述、未成年人与其父母的沟通情况等方面综合考量，分析涉案网络账户使用和消费的行为特点，最终确定了实际签约、履约人并非网络信息显示人，在电子合同交易主体的证明方式上作出了突破。在法定代理人对未成年人网络消费行为的同意方式上，充分考虑了线上交易的特征，认定法定代理人在告知未成年人密码及其个人信息时，就已同时对未成年人的消费行为表示了认可，进行了突破性认定。在网络平台经营者的注意义务方面，对于已经揭示出实际交易人身份与网络信息显示不一致的情况下，此时的交易已经不再具有电子合同未谋面的特征，故网络平台经营者此时的注意义务应进一步扩大。

案情简介

郑某系未成年人，刘某系郑某之母。郑某主张其于加拿大留学期间，通过实名认证为刘某的微信号在某直播平台注册了涉案账号，并通过实名认证为刘某的支付宝和微信支付等方式在某直播平台购买虚拟货币，消费65万余元。刘某称其并不知情，直到2016年4月4日郑某回加拿大读书前夕，刘某才通过查询支付宝账户的交易记录发现郑某从某公司购买虚拟币的情况。后刘某修

改支付宝密码、解绑银行卡,并于2016年4月13日离开中国到加拿大陪读,监督郑某的学习生活。2016年5月25日,刘某通过其律师向某公司的客服邮箱发送邮件,告知了未成年人在某直播平台消费50余万元的情况,与某公司沟通退款事宜,并在某公司的要求下提供了涉案账号,某公司客服回复称无法退款。5月26日刘某委托律师向某公司的客服邮箱发送了律师函,律师函中表明了郑某的年龄和未成年人的身份,以及消费50余万元的情况,并表明了郑某的法定代理人对此不知情且不予追认,要求某公司退款。自2016年2月起至4月5日刘某微信与郑某沟通时止,涉案交易账号与某公司进行充值交易共计387 755元;自2016年4月5日起至5月26日刘某发送律师函之前止,与某公司进行充值交易共计87 634元;自2016年5月26日刘某发送律师函之后至2017年4月1日止,与某公司进行充值交易共计49 120元。某公司辩称郑某和刘某系母女关系,涉案账号的实名注册人为刘某,涉案交易的支付宝和微信账号的实名注册人及绑定手机号的实名认证人均为刘某,故不认可郑某的充值使用行为,不同意退还交易款项。郑某起诉请求:确认郑某与某公司之间的买卖合同无效;某公司返还657 734元及利息。

一审法院经审理后作出判决:驳回原告郑某的诉讼请求。

郑某不服一审判决,提起上诉。二审法院判决如下:(1)撤销一审判决;(2)某公司于判决生效之日起7日内向郑某返还人民币49 120元;(3)驳回郑某的其他诉讼请求。

法院观点

本案争议焦点为:(1)郑某是否为涉案网络消费合同的签订与履行主体;(2)郑某与某公司之间的网络消费合同的效力问题及郑某要求某公司返还交易款项的请求是否成立。

第一,郑某是否为涉案网络消费合同的签订与履行主体。《民事诉讼法》(2023年修正)第七十八条第一款规定:人民法院对当事人的陈述,应当结合本案的其他证据,审查确定能否作为认定事实的根据。《最高人民法院关于适用〈中华人民共和国民事诉讼法〉的解释》第九十条规定:当事人对自己提出的诉讼请求所依据的事实或者反驳对方诉讼请求所依据的事实,应当提供证据加以证明,但法律另有规定的除外。在作出判决前,当事人未能提供证据或者证据不足以证明其事实主张的,由负有举证证明责任的当事人承担不利的后果。

从涉案账号的注册情况看:郑某陈述其注册账号的地址在加拿大,并陈述注册过程中的细节。郑某、刘某护照中的出入境记录显示:注册该账号当日,郑某在加拿大,刘某在中国境内。故郑某的陈述与出入境记录情况相符。某公司虽不认可郑某的意见,但其在法院审理过程中无法提供涉案账号注册时的 IP 地址。涉案账号的注册时间与本案起诉时间属同一自然年度,作为掌握数据的经营者,某公司在争议账号已涉诉讼后,未能及时主动保存与该账号相关的重要数据,其应承担举证不利的后果。故对于郑某主张的涉案账号的注册情况,法院予以确认。

从涉案账号的使用情况看,郑某提供的个人陈述主要包含如下几方面内容:使用涉案账号的方法、打赏主播及自己做主播的情况、所喜爱的主播的特点、将涉案账号设置成神秘人的细节等。这些陈述内容符合账号的使用方法,亦均符合郑某的年龄特点。涉案账号内显示的互动过的主播的个人情况及打赏和收赏记录亦可以与郑某的陈述相互印证。在庭审当天,郑某可熟练指导委托诉讼代理人及法院打开涉案账号核实相关情况,包括如何将设置成神秘人的账号变更为可显示身份信息的用户。

郑某向法庭陈述其隐瞒母亲刘某购买虚拟币,其提供的微信截图则记录了母亲刘某发现郑某购买虚拟币的过程。该过程显示:刘某发现银行账户异常——质问郑某钱的去向——郑某不承认——刘某通过各种方法教导郑某——郑某仍不承认——刘某用更换监护人来警告郑某——郑某承认——刘某发现自己被郑某屏蔽,无法监控郑某手机使用情况——郑某否认屏蔽刘某。上述微信内容符合家庭生活中家长管理教育孩子的过程,也与郑某隐瞒母亲刘某购买虚拟币的陈述相印证。

根据郑某的陈述,结合本案其他证据,已经形成了相对完整的证据链,足以证明郑某系涉案账户的注册和使用者。某公司否认涉案账号的注册和使用者是郑某的主要依据为平台显示的信息为刘某,但前述证据链所形成的证明效力足以否定留存信息的证明力。故对于郑某主张其为涉案网络消费合同的签约与履行主体的上诉意见,法院予以采纳。对于某公司主张合同主体系刘某的抗辩意见,法院不予采信。

第二,郑某与某公司之间的网络消费合同的效力问题及郑某要求某公司返还交易款项的请求是否成立。

《民法典》第一百四十五条第一款规定：限制民事行为能力人实施的纯获利益的民事法律行为或者与其年龄、智力、精神健康状况相适应的民事法律行为有效；实施的其他民事行为经法定代理人同意或追认后有效。

郑某出生于2000年8月18日，涉案网络消费合同发生的时间段为2016年2月至2017年4月1日，该时期郑某系15周岁到16周岁，属于限制行为能力人。自2015年年底始，郑某独自一人在加拿大读书，其母刘某负担郑某的生活费与学费。郑某日常对外交易的支付方式包括使用刘某存入郑某在国外银行账户的钱款或直接使用刘某名下银行卡、支付宝等完成交易。郑某自述千元以上的交易额需告知刘某。

2016年2月7日至4月5日，郑某使用刘某名下支付宝账户和微信账户向涉案账户共计充值387 755元。经查，所有充值消费的钱款均来自刘某名下的银行卡，或是刘某存入郑某国外银行账户内支付给郑某的生活费和学费。从郑某认可使用刘某名下支付宝账户购买过生活用品来看，刘某对于郑某自行使用其名下账户进行生活类消费是予以认可的。该支付宝账户亦是郑某最早用于购买虚拟币的账户。该账户自2016年2月起至4月4日止向涉案账号共计充值80 394元。对于充值涉案账号的消费，据郑某陈述是隐瞒刘某谎称用于购买生活用品，刘某亦认可该陈述，据此理由刘某表示其未予追究。该支付宝账户在2016年4月4日发生大额充值涉案账号的情况：从0时20分到0时54分，5笔充值交易共计22 770元。刘某发现后解绑了与该支付宝账户绑定的银行卡。另一支付宝账户最高充值日为2016年3月19日，该日0时27分到23时39分充值37笔，共计51 386元，系该阶段单日最大额消费。由上述查明的情况可知，在短暂两个月左右的时间内，郑某消费支出387 755元，一天之内最高消费达到50 000多元，已远远超过一个没有收入的未成年人正常的消费水平，而作为郑某的法定代理人，刘某不仅在生活学习上负有对郑某进行照看、教育的法定义务，同时在郑某对外进行网络消费等社会活动中，也负有管理、监督的法定义务。现面对多笔、持续、大额、不合常理的财务支出，作为郑某的法定代理人和钱款的所有人，刘某未尽到必要的谨慎核查的义务。同时，郑某与某公司进行的网络消费交易均使用刘某的名义，无论支付账号是否绑定了刘某可查收交易款通知的手机号，作为法定代理人和钱款的所有人，刘某均可通过一般性的账户管理手段获悉支出情况，辨识交易内容。而刘某并未对自己未成年子女独自在国外留学的生活情况给予更多的关注，也未尽到一般账户管理人对自己的个人信息和账户内财务谨慎管理的义务，放任郑某对外无节制的网络消费。刘某对该阶段郑某的大额网络交易消费所采取的放任态度，已经构成对郑某交易行为的默认。故此期间内的网络消费合同不宜以郑某系限制行为能力人、法定代理人未予追认为由而认定无效。对于郑某要求返还此期间交易款项的请求，法院难以支持。

自 2016 年 4 月 5 日起至 5 月 26 日刘某向某公司发送律师函之前止，该期间郑某通过刘某名下支付宝和微信号向涉案账号共计充值 87 634 元。刘某对郑某用自己的支付宝账户大额购买虚拟币采取相应措施：赴加拿大陪读、从支付宝上解绑银行卡、制止郑某使用账号，同时刘某对自己名下账户采取了管理措施。刘某的上述行为系法定代理人和钱款所有人应当采取的合理行为，由此也表明刘某不认可郑某与某公司的网络交易行为，但本案纠纷发生的显著特征就是郑某与某公司之间形成的是电子合同，交易双方并非面对面签约，而是通过彼此的网络信息确认建立合同关系。刘某在明知郑某曾存在大额充值涉案账号的行为，且当时仍存在郑某不听劝阻进行充值消费的情况，而没有采取进一步的合理措施，向网络消费合同的交易对方声明真实交易人身份，做出否认郑某交易行为的意思表示，致使交易并未实际停止，损失进一步扩大。因此该阶段网络消费合同亦不宜认定无效，刘某对此应承担全部责任。故对于郑某要求某公司返还此阶段交易款项的请求，法院不予支持。

自 2016 年 5 月 26 日刘某向某公司发送律师函之日起至 2017 年 4 月 1 日止，郑某通过刘某名下支付宝账户和微信账户充值涉案账户共计 49 120 元。刘某通过发送律师函的方式向某公司明确提出了异议，披露了真实使用者非其本人且为未成年人的情况。刘某的行为应视为对郑某交易行为的明确否认。某公司系直播平台的经营者，不仅是网络消费合同的一方，亦是网络消费服务的提供者，对于涉案网络消费的交易安全具有管理责任。在刘某的律师函披露了涉案账号异常情况后，作为网络消费服务的提供者和网络消费合同的一方，无论是从管理职责还是交易风险角度出发，某公司均应及时暂停交易，核实交易对方的真实身份，但某公司未能采取相关措施，甚至在郑某于 2016 年 10 月起诉本案纠纷后，仍然与涉案账号存在充值交易行为，直至一审法院判决后，某公司才关停涉案账号的金融功能。故某公司未能履行其作为网络消费服务提供者的责任,放任与未成年人进行网络消费交易的风险发生。现刘某对郑某的交易行为明确予以否认,故此阶段的网络消费合同应认定无效,某公司负有返还郑某交易款项的义务。对于郑某要求某公司返还该阶段交易款项的请求,法院予以支持。经法院核算,某公司应返还郑某人民币 49 120 元。

综上所述,郑某关于确认 2016 年 2 月至 2017 年 4 月 1 日与某公司发生的购买虚拟币的买卖合同全部无效的请求,依据不足,法院不予支持。郑某要求返还上述期间内交易款 657 734 元的请求部分成立,对成立部分的上诉请求,法院予以支持。郑某要求支付交易款利息的请求,缺乏依据,法院不予支持。

法官说法

近年来,未成年人利用网络进行交易的现象越来越普遍,但因其欠缺行为能力以及互联网"背对背"的交易属性,加之代理人拒绝同意、追认,均可影响交易行为的效力,导致相关纠纷日益增多。该类纠纷的正确处理有如下三个方面需要注意。

一、法院裁判依法审查电子证据,综合认定电子合同交易主体

实践中,未成年人往往使用其法定代理人的账号进行登录及交易操作,导致诉讼中法定代理人很难举证证明自己非交易行为人。司法裁判中,法院可根据双方当事人的陈述、电子证据以及其他查明的事实综合认定交易是否为未成年人所为。互联网经营者也应承担相关电子证据的举证责任。本案中,郑某的陈述与涉案账号的注册时间、地点、程序相吻合。涉案账号内显示的互动过的主播的个人情况及打赏和收赏记录亦可以与郑某的陈述相互印证。在庭审当天,郑某可熟练指导委托诉讼代理人及法院进行直播账号的相关操作。郑某与刘某的微信交涉过程,也符合家庭生活中家长管理教育孩子的特征,与郑某隐瞒母亲刘某购买虚拟币的陈述相印证。法院认为郑某的陈述,加之本案其他证据,已经形成了相对完整的证据链,足以证明郑某系涉案账户的注册和使用者。某公司并未提交涉案的相关数据信息,应承担举证不能的后果。

二、法定代理人将其个人信息交给未成年人的,构成对其交易行为的默认

在网络交易方式下,身份信息、资金账户信息、交易密码等信息是网络环境下最为重要的个人信息。行为人对上述信息负有妥善保管的义务,并承担信息

泄露的风险。当法定代理人将自己的上述信息交给未成年人时，便应知晓未成年人可能利用这些信息进行网络交易和消费，此种明知风险而为之的行为，构成对未成年人利用上述信息实施交易行为的默认。同时，对于善意第三人而言，未成年人使用其法定代理人的身份信息和银行账户进行交易，其完全有理由相信该未成年人的交易行为得到了法定代理人的授权或认可。本案中，刘某不仅将自己的身份证信息、资金账户、交易密码等重要信息告知郑某，而且在郑某利用上述信息进行了时间长达两个月、数额高达 40 万元、多达上百次的交易后，刘某对此仍未予审查，采取了放任的态度，该种态度已经构成了对郑某交易行为的默认。因此，该交易行为应为有效。

三、网络经营者知悉未成年人的交易身份后，需承担相应的注意义务

由于网络的虚拟性和审查成本的高昂，网络经营者一般不需审查交易行为中实际使用人和注册人是否一致。但是在未成年人网络交易的过程中，一旦交易的未谋面性被打破，交易对方的未成年人身份得到揭示，网络经营者的免责理由便不再成立，其应立即审查账号使用人的真实身份并作出处理，防止损失的进一步扩大。本案中，在刘某向某公司发送律师函、揭示了涉案账号的实际使用人及消费人均为未成年人郑某后，交易双方的未谋面性被打破，某公司的注意义务上升为实质审查，某公司应暂停账户的交易，核查交易对方的真实身份，防止损失的进一步扩大，否则其应对此后的交易数额承担返还责任。

相关法律规范

《民法典》

第一百四十五条　限制民事行为能力人实施的纯获利益的民事法律行为或者与其年龄、智力、精神健康状况相适应的民事法律行为有效；实施的其他民事法律行为经法定代理人同意或者追认后有效。

相对人可以催告法定代理人自收到通知之日起三十日内予以追认。法定代理人未作表示的，视为拒绝追认。民事法律行为被追认前，善意相对人有撤销的权利。撤销应当以通知的方式作出。

《民事诉讼法》(2023 年修正)

第七十八条第一款　人民法院对当事人的陈述，应当结合本案的其他证据，审查确定能否作为认定事实的根据。

《最高人民法院关于适用〈中华人民共和国民事诉讼法〉的解释》(2022年修正)

第九十条 当事人对自己提出的诉讼请求所依据的事实或者反驳对方诉讼请求所依据的事实,应当提供证据加以证明,但法律另有规定的除外。

在作出判决前,当事人未能提供证据或者证据不足以证明其事实主张的,由负有举证证明责任的当事人承担不利的后果。

(邓青菁 乔文鑫撰写)

二、违法所得用于网络打赏的后果

关 键 词:违法所得 网络打赏 善意取得

典型案例:违法所得用于网络打赏应受善意取得制度的限制——胡某某职务侵占案

裁判要旨:网络打赏本质上属于消费行为范畴。将犯罪的违法所得用于网络打赏的,对相应款项是否应当追缴,关键在于评判第三方网络直播平台是否构成善意取得,平台构成善意取得必须满足“有偿”和“善意”两个条件,构成善意取得的不予追缴,不符合善意取得条件的,打赏款额仍然可以追缴。对于过高额的打赏行为,平台应当有所提醒和限制。

案情简介

2018年4月至2019年6月,被告人胡某某在担任某公司财务出纳期间,利用管理公司对公账务、负责资金收支的职务便利,采用编造虚假支出、报销项目的方式多次将公司资金共计2585.5万元汇入自己名下的个人账户,用于网络直播打赏、网络游戏消费等。2019年6月29日8时许,被告人胡某某向公司承认上述犯罪事实,后公司报警,被告人胡某某于当日被民警抓获。在法院审理期间,已将冻结在案的被告人胡某某部分银行账户内存款140余万元发还给被害单位。

法院观点

一审法院经审理认为，被告人胡某某利用担任公司出纳的职务便利，将公司财物非法占为己有，数额巨大，其行为已构成职务侵占罪。被告人胡某某自动到案，如实供述自己的罪行，系自首，且自愿认罪认罚，依法可以从轻处罚。部分赃款已发还被害单位，被害单位已对被告人胡某某表示谅解，依法可以对被告人胡某某酌情从轻处罚。冻结在案的案外人钱款涉及众多法律主体和多重法律关系，根据本案具体情况，不宜直接在刑事审判中通过刑事追缴程序处理，可另行依法解决。故依法判决：被告人胡某某犯职务侵占罪，判处有期徒刑13年；扣押在案的某牌手机一部，依法予以没收；冻结在案的被告人胡某某银行账户内存款，发还被害单位；责令被告人胡某某退赔被害单位其余经济损失；冻结在案的其他钱款，退回公诉机关依法处理。

一审宣判后，被告人胡某某不服，提出上诉。

二审法院经审理认为，本案确定的事实是胡某某将本单位财物“用于网络直播打赏、网络游戏消费”，依法追究的是上诉人胡某某所犯职务侵占罪的刑事责任。在案证据不足以证明第三方网络直播平台对涉案财物的取得系恶意，故在本案中不予追缴。根据我国相关法规，网络直播平台应该依法依规引导用户合理消费、理性打赏；网络直播平台是否存在恶意诱导等行为以及由此产生的纠纷可另行依法解决。原判根据胡某某犯罪的事实、犯罪的性质、情节和对于社会的危害程度所作出的判决，事实清楚，证据确实、充分，定罪及适用法律正确，量刑适当，审判程序合法。据此裁定驳回上诉，维持原判。

法官说法

一、网络打赏行为是消费还是赠与？二者分别对应什么后果

对于网络打赏的性质，一种观点认为自媒体人因提供了一定的内容服务而获得赏金，属于消费行为；另一种观点认为对于网民基于喜爱、支持等，在不要求提供服务的前提下无偿进行网络打赏，应视为赠与行为。二者的主要区别在于该行为是有偿还是无偿。如果认定网络打赏属于有偿的消费行为，则第三方网络平台可能构成善意取得，如果认定网络打赏属于无偿的赠与行为，则第三方网络平台就不构成善意取得。笔者认为，网络打赏行为属于消费行为，而非

赠与行为，理由在于以下三点内容。

第一，被告人与直播平台间成立服务合同关系。被告人的直播打赏过程包括三个阶段：一是向网络平台进行充值，二是在平台上购买虚拟礼物，三是用虚拟礼物打赏主播。上述行为符合消费行为的模式，被告人通过平台充值购买礼物的过程即签订服务合同的过程，用虚拟礼物打赏主播则属于二次消费，上述消费行为完成后，直播平台提供的服务已经履行完毕，在不存在合同无效或可撤销事由时，用户无权主张返还。

第二，网络打赏行为符合消费行为的对价性特点。打赏行为实质是购买服务，打赏者向主播进行打赏时并非一无所获，不符合赠与合同的单务性和无偿性特征。打赏者在支付礼物作为对价的同时，获得了主播提供的表演或服务等非物质性产品，主观上可以通过消费实现精神愉悦，类似于观看演唱会、电影。本案中，涉案平台为游戏直播平台，主播提供的游戏讲解、游戏直播、互动交流等服务本质上属于一种智慧型劳动成果，具备一定的价值。

第三，将网络打赏行为认定为消费行为有利于维护网络直播产业的发展。网络直播属于新兴产业，网络平台在运营过程中也要支付各种运营费用，存在一定的运营成本，网络直播行业并非单纯的公益事业，并非完全无偿。如果简单将网络打赏认定为赠予行为，本案中第三方直播平台属于无偿取得赃款，则不构成善意取得，扣押在案的第三方直播平台的钱款则应当全部发还给被害单位，将会对直播平台造成新的不公平。

二、违法所得能否适用善意取得制度

善意取得制度规定在《民法典》第三百一十一条，是指无权处分人将动产或者不动产转让给受让人，若受让人取得该动产时是出于善意，则受让人依法取得对该动产的所有权或其他物权。

刑事追缴中的善意取得制度体现在2011年《最高人民法院、最高人民检察院关于办理诈骗刑事案件具体应用法律若干问题的解释》第十条，行为人已将诈骗财物用于清偿债务或者转让给他人，他人善意取得诈骗财物的，不予追缴。这一规定初步将民法中善意取得制度的一般规定引入诈骗犯罪赃款赃物追缴程序中。2014年《最高人民法院关于刑事裁判涉财产部分执行的若干规定》第十一条明确规定，刑事执行程序中的追缴工作应当受善意取得制度之限制，即第三人善意取得涉案财物的，执行程序中不予追缴，作为原所有人的被害人对该涉案财物主张权利的，人民法院应当告知其通过诉讼程序处理。这一规定表明对于除诈骗罪之外的刑事犯罪中赃款赃物的追缴同样可以适用善意取得制度。

我们认为，刑事追缴应当受民事善意取得制度的限制。对于本案中被告人胡某某将犯罪所得用于网络打赏是否应当追缴的问题，关键在于第三方网络直播平台是否构成善意取得，平台构成善意取得必须满足“有偿”“善意”两个核心要件。“有偿”体现在第三人并非无偿取得且支付了合理对价；“善意”体现在第三人对涉案财物不明知，或者第三人并非通过非法债务清偿或者违法犯罪活动取得涉案财物。本案中，涉及的直播平台为正规合法运营的游戏直播平台，直播内容包括游戏内容解说等，网络直播平台为胡某某提供了主观等值的服务内容，且在案证据无法证明第三方直播平台主观上明知钱款来源系赃款或者系以其他恶意方式取得涉案钱款，因此第三方直播平台构成善意取得。网络不是法外之地，在认定直播平台对赃款是否构成善意取得时，要严格按照善意取得的构成要件来认定，对于不符合善意取得条件的，相关款项仍然可以追缴。

三、对于高额的打赏行为，平台是否应有所限制

本案中胡某某的打赏行为呈现高频、小额、持续、累计金额较大等特点，平台对胡某某高频的大额打赏并未加以限制，甚至存在诱导打赏等违规行为，体现出网络直播平台的不规范性。因此，有必要通过设置“冷静期”对打赏进行二次确认、提醒用户合理消费等措施，对过高额的打赏行为加以规制。

本案中，法院后续通过向直播平台所在地区的文化和旅游部门发送司法建议的方式，建议文化和旅游部门加强同互联网信息办公室、工商、税务等部门的联动，对涉嫌违法违规直播的平台和主播，采取罚款、封号等方式，加大处罚力度，提高震慑力，促进行业自律。加强直播平台合法合规经营意识，让网络空间成为风清气正的精神家园。

相关法律规范

《刑法》

第二百七十一条第一款　公司、企业或者其他单位的工作人员，利用职务上的便利，将本单位财物非法占为己有，数额较大的，处三年以下有期徒刑或者拘役，并处罚金；数额巨大的，处三年以上十年以下有期徒刑，并处罚金；数额特

别巨大的，处十年以上有期徒刑或无期徒刑，并处罚金。

《最高人民法院、最高人民检察院关于办理诈骗刑事案件具体应用法律若干问题的解释》

第十条 行为人已将诈骗财物用于清偿债务或者转让给他人，具有下列情形之一的，应当依法追缴：

（一）对方明知是诈骗财物而收取的；

（二）对方无偿取得诈骗财物的；

（三）对方以明显低于市场的价格取得诈骗财物的；

（四）对方取得诈骗财物系源于非法债务或者违法犯罪活动的。

他人善意取得诈骗财物的，不予追缴。

《最高人民法院关于刑事裁判涉财产部分执行的若干规定》

第十一条 被执行人将刑事裁判认定为赃款赃物的涉案财物用于清偿债务、转让或者设置其他权利负担，具有下列情形之一的，人民法院应予追缴：

（一）第三人明知是涉案财物而接受的；

（二）第三人无偿或者以明显低于市场的价格取得涉案财物的；

（三）第三人通过非法债务清偿或者违法犯罪活动取得涉案财物的；

（四）第三人通过其他恶意方式取得涉案财物的。

第三人善意取得涉案财物的，执行程序中不予追缴。作为原所有人的被害人对该涉案财物主张权利的，人民法院应当告知其通过诉讼程序处理。

（张元元 于晓航撰写）

第六章　虚拟货币相关法律问题

一、虚拟货币相关交易活动的法律性质

关 键 词:比特币“挖矿”　高耗能　合同无效　金融风险

典型案例:基于投资目的的“挖矿”合同效力认定问题

裁判要旨:比特币及相关经济活动新型、复杂,对合同效力的认定,应建立在当下对“挖矿”活动的客观认识基础上。从“挖矿”行为的高能耗以及比特币交易活动对国家金融秩序和社会秩序的影响来看,基于投资目的进行“挖矿”的合同应认定为无效。

案情简介

2019 年,某科技公司与某区块链公司签订《计算机设备采购合同》《服务合同书》《云数据服务器托管及数据增值服务协议》,约定某科技公司委托某区块链公司采购、管理微型存储空间服务器(“矿机”)、提供比特币“挖矿”的数据增值服务并支付增值服务收益,某科技公司向某区块链公司支付管理费用。后,某科技公司向某区块链公司支付 1000 万元人民币,某区块链公司购买了“矿机”,并与第三方公司签订委托合同,“矿机”在四川省某县的“矿场”运行后,某区块链公司向某科技公司支付 18.3463 个比特币作为数据增值收益,此后未支付任何收益。某科技公司多次催要无果,诉至法院,请求法院判令某区块链公司交付比特币,并赔偿服务到期后占用微型存储空间服务器的损失。

法院观点

经审理,法院认为案件所涉“挖矿”活动能源消耗和碳排放量大,不利于我国推进产业结构优化、节能减排,不利于我国实现碳达峰、碳中和的目标,且虚

拟货币生产、交易环节衍生的虚假资产风险、经营失败风险、投资炒作风险等多重风险突出，有损社会公共利益。某科技公司和某区块链公司在明知“挖矿”及比特币交易存在风险，且相关部门明确禁止比特币相关交易的情况下，仍签订代为“挖矿”协议，此协议应属无效，因此产生的相关财产权益亦不应受到法律保护，上述行为造成的后果应由当事人自行承担。最终，一审法院认定双方合同无效，判决驳回某科技公司的全部诉讼请求。二审判决：驳回上诉，维持原判。

法官说法

本案事实发生于《民法典》实施前，根据《最高人民法院关于适用〈中华人民共和国民法典〉时间效力的若干规定》，本案应适用《合同法》的相关规定。《合同法》第五十二条明确规定了损害社会公共利益的合同无效，同时采用兜底性条款规定违反法律、法规强制性规定的合同应属无效。

以法律所规定的上述合同无效的两种情形为依据，在评价比特币“挖矿”行为的效力时，有违反强制性规定和违反社会公共利益两种观点。有观点认为应当以虚拟货币交易法律行为性质认定为参考，以 2021 年 9 月国家发展和改革委员会等部门发布的《关于整治虚拟货币“挖矿”活动的通知》为界，划分法律行为的效力，此即持“违反强制性规定”的观点。也有观点认为比特币“挖矿”行为违反公共利益（公序良俗），应为无效，此为本案二审法院所持观点。

一、评价“挖矿”行为的效力，应当建立在当下对“挖矿”行业的客观认识基础上

比特币及其相关经济活动是复杂的、不断变化的，我国对其本质的认识也是在实践中逐渐明晰。从比特币概念的提出到我国监管机构对其监管的不断完善和收紧的过程亦可看出，我国监管机构对比特币生产、交易等方面的监管措施建立在对其客观认识的基础上，本案双方“挖矿”合同从签订至履行后发生争议，纠纷延续至今，亦处于前述这一过程中。合同效力的认定，应建立在当下对“挖矿”活动的客观认识基础上。

2013 年，中国人民银行等五部委发布通知，禁止金融机构对比特币进行定价，不得买卖或作为中央对手买卖比特币，不得直接或间接为客户提供其他与比特币相关的服务。2017 年，中国人民银行等七部门联合发布的《关于防范代

币发行融资风险的公告》第三条进一步提出，任何所谓的代币融资交易平台不得从事法定货币与代币、虚拟货币相互之间的兑换业务，不得买卖或作为中央对手方买卖代币或虚拟货币，不得为代币或虚拟货币提供定价、信息中介等服务。上述两个文件实质上禁止了比特币在我国相关平台的兑付、交易。2021年，中国人民银行等部门发布的《关于进一步防范和处置虚拟货币交易炒作风险的通知》显示，虚拟货币交易炒作活动扰乱经济金融秩序，滋生赌博、非法集资、诈骗、传销、洗钱等违法犯罪活动，严重危害人民群众财产安全和国家金融安全。2021 年 9 月 3 日，国家发展和改革委员会等部门发布的《关于整治虚拟货币"挖矿"活动的通知》显示，虚拟货币"挖矿"活动能源消耗和碳排放量大，对国民经济贡献度低，对产业发展、科技进步等带动作用有限，加之虚拟货币生产、交易环节衍生的风险越发突出，其盲目无序发展会对推动经济社会高质量发展和节能减排带来不利影响。故以电力资源、碳排放量为代价的"挖矿"行为，与经济社会高质量发展和碳达峰、碳中和目标相悖，与公共利益相悖。

二、"挖矿"行为兼具能源消耗及比特币交易两种属性，对公共利益影响更大

比特币"挖矿"行为，与单纯比特币交易行为不同，其兼具能源消耗及后续比特币交易两种属性，可以说，"挖矿"行为较私人之间的虚拟货币交易行为对公共利益的影响更大、更深。

"挖矿"行为的本质，是一种追求虚拟商品收益的风险投资活动。自 2019 年以来，比特币等一些虚拟货币价格大涨，"挖矿"成为暴利的行业。一些市场主体跟风开展虚拟货币"挖矿"业务。涉案合同即在此背景下签订。涉案合同系基于投资目的进行"挖矿"，并通过电子方式转让、储存以及交易，双方实际经济追求是为了通过比特币与法定货币的兑换直接获取法定货币体系下的利益，在监管机构禁止了比特币在我国相关平台的兑付、交易，且数次提示比特币投资风险的情况下，双方为获取高额利润，仍从事"挖矿"行为，故某科技公司以保障其信赖利益为由主张合同有效依据不足。

比特币"挖矿"过程会消耗大量电力资源。成千上万台"矿机"集聚一起，形成超大规模的"矿池"，大量依赖火力发电的"矿池"造成巨大的碳排放及空气污染，带来碳减排压力，与我国碳达峰、碳中和的目标相悖。

"挖矿"产业畸形发展，比特币交易炒作活动盛行，扰乱经济金融秩序，冲击

中国金融市场稳定,进而影响国家金融安全;同时滋生洗钱、非法集资、诈骗、传销等违法犯罪活动,严重危害人民群众财产安全。

综上,相关部门整治虚拟货币"挖矿"活动、认定虚拟货币相关业务活动属于非法金融活动,有利于保障我国发展利益和金融安全。从"挖矿"行为的高能耗以及比特币交易活动对国家金融秩序和社会秩序两方面的影响来看,涉案合同应当认定为无效。双方作为社会主义市场经济主体,既应遵守市场经济规则,亦应承担起相应的社会责任,推动经济社会高质量发展、可持续发展。

相关法律规范

《民法典》

第八条 民事主体从事民事活动,不得违反法律,不得违背公序良俗。

第一百五十三条 违反法律、行政法规的强制性规定的民事法律行为无效。但是,该强制性规定不导致该民事法律行为无效的除外。

违背公序良俗的民事法律行为无效。

第一百五十五条 无效的或者被撤销的民事法律行为自始没有法律约束力。

第一百五十七条 民事法律行为无效、被撤销或者确定不发生效力后,行为人因该行为取得的财产,应当予以返还;不能返还或者没有必要返还的,应当折价补偿。有过错的一方应当赔偿对方由此所受到的损失;各方都有过错的,应当各自承担相应的责任。法律另有规定的,依照其规定。

(史晓霞 黎 铧撰写)

二、虚拟货币的法律属性

关 键 词:虚拟货币 财产价值 合同效力

典型案例:案例一,以比特币为交易介质的委托合同关系效力认定

案例二,虚拟货币合同的法律效力及责任承担

裁判要旨:委托人委托受托方购买虚拟货币,通过网络平台对法定货币与代币、虚拟

货币相互之间进行兑换,属于变相支持虚拟货币和法定货币进行兑换交易,涉嫌破坏金融秩序、危害金融安全,违反了国家对虚拟货币金融监管的规定,亦违背社会公共利益和公序良俗,人民法院应确认委托行为无效。个人交易虚拟货币的行为系个人自由,但该行为不受我国法律保护,交易造成的不利后果应当由委托人自行承担。

案例一案情简介

李某和魏某约定,李某委托魏某代买1.5个比特币并代为管理,但李某有权随时指令魏某出售李某所拥有的比特币,魏某承诺李某的本金不受损失且如果比特币有盈利,李某应支付盈利的20%作为报酬。根据市场行情,李某于2021年5月1日晚指令魏某出售1.5个比特币(此时比特币当日现价为人民币373 884元/个)。但此时魏某却告知李某,魏某于2020年3月私自动用了李某拥有所有权的1.5个比特币为魏某的期货作保证金,结果爆仓,致使李某的1.5个比特币全部损失。鉴于此,双方当晚通过语音电话及微信沟通解决方案,李某和魏某达成如下协议:双方同意以2021年5月1日当日比特币现价人民币373 884元/个的市值计算李某1.5个比特币的损失,并将向魏某支付盈利的20%改为10%。时至今日后,魏某依旧没有履行还款义务。综上,李某认为魏某故意隐瞒实情,一直未履行告知和赔偿义务已严重侵害了李某的合法权益,根据《民法典》第五百七十七条和第五百七十九条之规定,现依法向法院提起诉讼。

法院观点

经审理,一审法院认为,从性质上看,比特币应当是一种特定的虚拟商品。李某委托魏某买入、卖出比特币的委托合同关系应受法律的保护。2019年5月,李某委托魏某购买1个比特币,实际支出40 637元。2019年8月,李某委托魏某购买0.5个比特币,实际支出40 357元。李某花费80 994元购买的1.5个比特币已经过双方确认,一审法院对此不持异议。2021年5月1日,李某要求魏某卖出比特币,但因魏某未按约定买入后持有比特币,而是进行期货交易被强制平仓。魏某作为受托人,因其过错给委托人李某造成的损失应予赔偿。按照魏某当时自认的每个比特币373 884元计算,李某的本金及收益损失应为

512 842.8 元。李某主张魏某支付利息的诉讼请求并无不当，一审法院予以支持。

二审法院认为，根据法律规定，具备下列条件的民事法律行为有效：(1)行为人具有相应的民事行为能力；(2)意思表示真实；(3)不违反法律、行政法规的强制性规定，不违背公序良俗。因比特币不具有货币的法律地位，故参照中国人民银行、工业和信息化部、原中国银行业监督管理委员会、中国证券监督管理委员会、原中国保险监督管理委员会联合发布的《关于防范比特币风险的通知》(银发〔2013〕289 号)第一条规定，比特币不具有与货币等同的法律地位，不能且不应作为货币在市场上流通使用。2017 年中国人民银行等七部委联合发布《关于防范代币发行融资风险的公告》，重申了上述规定内容，进一步提出任何所谓的代币融资交易平台不得从事法定货币与代币、虚拟货币相互之间的兑换业务，不得买卖或作为中央对手方买卖代币或虚拟货币，不得为代币或虚拟货币提供定价、信息中介等服务。2021 年，中国人民银行等十部门发布的《关于进一步防范和处置虚拟货币交易炒作风险的通知》明确，参与虚拟货币投资交易活动存在法律风险。任何法人、非法人组织和自然人投资虚拟货币及相关衍生品，违背公序良俗的，相关民事法律行为无效，由此引发的损失由其自行承担；涉嫌破坏金融秩序、危害金融安全的，由相关部门依法查处。本案中，当事人双方之间虽无书面合同，但根据双方微信聊天记录及付款情况，应确认双方之间形成了以比特币为交易介质的委托合同关系。根据上述规范性文件，该合同内容违背公序良俗，应确认为无效。李某投资虚拟货币引发的损失，应由其自行承担。

二审判决：撤销一审民事判决，驳回李某的全部诉讼请求。

案例二案情简介

2018 年 8 月 24 日，刘某 2 与刘某 1 签订《财务顾问协议》，约定刘某 1 接受刘某 2 委托，由刘某 1 完全排他地管理刘某 2 的 bitcoin 比特币资产，托管额度为 40BTC，期限 1 年。协议就管理期间的账户监管、止损、收益、分成、结算权利与义务、争议管辖、通信地址等均进行了约定。在协议履行过程中，因刘某 1 管理的刘某 2 名下的 1sy ** @ hotmail. com 和 lsy ** @ 163. com 两账户中比特币亏损接近 20%，刘某 1 于 2018 年 11 月 17 日明确表示，一旦亏损超过 20%，超出部分由第三方资本承担，刘某2方亦明确同意该表示。后来，刘某1管理的1sy ** @ hotmail. com和1sy ** @163. com两账户继续亏损，在账户停止交易前，亏损为42. 4485%，共计亏损16. 9794BTC，其中超过20%的亏损共计8. 9794BTC，刘某2经与刘某1多次协商沟通要求其补偿未果。

法院观点

一审法院认为，双方《财务顾问协议》中第5. 2条修改与变更中明确约定："本合同未经双方书面同意，不得作任何修改或变更。"由此可知，对于《财务顾问协议》的修改和补充，在刘某2和刘某1以书面形式同意后才可以进行。在案证据无法证明双方对于第2. 3条止损权利部分的修改经过双方的书面同意。此外，根据微信聊天记录显示，刘某2告知刘某1"20%以上的亏损部分需要你们承担"时，刘某1回复为："我明白。我的意思是我们愿意承担低于20%的亏损，但是我还要和我合伙人商量下，应该没问题。"刘某1并未给出明确答复，无法说明双方对于比特币的赔偿问题达成了一致。2018年11月17日的微信聊天记录中，刘某1的陈述为："账户本金亏损超过20%，亏损超过20%的部分由某资本承担。"其认可承担的主体为"某资本"，无法证明刘某1同意对比特币亏损承担赔偿责任。因此，刘某2提交的证据无法证明在履行《财务顾问协议》过程中，刘某1同意对比特币亏损超出20%的部分承担赔偿责任。基于双方未达成前述合意，一审法院对于《财务顾问协议》的合同效力不再评述。刘某2要求刘某1赔偿比特币的诉讼请求无事实依据，一审法院不予支持。

根据《财务顾问协议》的约定，合同有效期为1年，《财务顾问协议》自2018年8月25日起至2019年8月25日止。现该合同已经到期终止，并无通过司法程序确认终止的必要，因此，一审法院对刘某2要求确认《财务顾问协议》已终止的诉讼请求亦不予支持。

二审法院认为，比特币的物理存在形态为数字代码。比特币存在于网络空间中，能够以现有度量标准量化其价值，故根据法律规定，比特币符合网络虚拟财产的特征，具有物的属性。同时，比特币不具有货币的法律地位。中国人民银行、工业和信息化部、原中国银行业监督管理委员会、中国证券监督管理委员会、原中国保险监督管理委员会《关于防范比特币风险的通知》（银发〔2013〕289号）明确规定，比特币不具有与货币等同的法律地位，不能且不应作为货币在市场上流通使用。2017 年中国人民银行等七部门联合发布《关于防范代币发行融资风险的公告》，重申了上述规定，进一步提出任何所谓的代币融资交易平台不得从事法定货币与代币、虚拟货币相互之间的兑换业务，不得买卖或作为中央对手方买卖代币或虚拟货币，不得为代币或虚拟货币提供定价、信息中介等服务。

本案中，当事人以《财务顾问协议》约定，刘某 2 委托刘某 1 负责对刘某 2 的比特币进行量化交易操作与服务，其实质内容为对比特币进行交易、流通及炒作。该协议上述约定内容违反公共利益，应属无效。

根据法律规定，民事法律行为无效，行为人因该行为取得的财产，应当予以返还；不能返还或者没有必要返还的，应当折价补偿。有过错的一方应当赔偿对方由此所受到的损失；各方都有过错的，应当各自承担相应的责任。法律另有规定的，依照其规定。本案中，双方确认《财务顾问协议》已经履行完毕，即委托行为已经终止。涉案合同为委托性质，委托事项因违反公共利益而被确认无效，不影响合同当事人意思表示的真实性。相关委托内容属双方合意，系刘某 2 基于对刘某 1 的信任而发生，而委托事项实际完成，根据委托的性质，后果归于刘某 2；同时，在委托过程中，刘某 1 亦未获得代理收益，故刘某 2 根据《财务顾问协议》要求刘某 1 承担部分损失或依据协议无效主张恢复原状均缺乏事实及法律依据。对刘某 2 的上诉主张，二审法院不予采信。一审法院未就涉案合同性质进行确认的做法不当，但结果正确。

二审判决：驳回上诉，维持原判。

法官说法

一、虚拟货币的法律属性

（一）虚拟货币不具有货币的法律地位

虚拟货币不具有与货币等同的法律地位，不能且不应作为货币在市场上流通使用，不应通过与法定货币的兑换实现流通功能，不得买卖所谓虚拟货币，同时，涉及的以 AI 算法、大数据、人工智能机器人量化比特币等套取利润，该方式与合法金融产品的交易方式相悖，严重扰乱了金融经济秩序，损害了社会公共利益。由此观之，虚拟货币不受法律保护，因虚拟货币产生的债务均系非法债务。代币融资交易平台不得从事法定货币与代币、虚拟货币相互之间的兑换业务，不得买卖或作为中央对手方买卖代币或虚拟货币，不得为代币或虚拟货币提供定价、信息中介等服务。虚拟货币不是货币当局发行，不具有法偿性和强制性，并不是真正意义的货币，不论是国家出台的各类法规政策，还是现有的司法案例，都充分明确了这一基本原则。法律通过排他性的规定，明确否定了其他任何形式的虚拟币成为法定货币的可能性。有关部门曾发布《关于防范比特币风险的通知》(2013 年)、《关于防范代币发行融资风险的公告》(2017 年)等文件，亦否定了虚拟货币作为货币的法律地位。因此，在国内虚拟货币不能作为货币在市场上流通，也不能作为交易结算的工具，其与中国人民银行及国家金融机构发行的数字人民币有本质区别。

(二)虚拟货币是否具有法律保护的财产价值

虚拟货币的物理存在形态为数字代码。虚拟货币存在于网络空间中，能够以现有度量标准量化其价值，故根据法律规定，虚拟货币符合网络虚拟财产的特征，具有物的属性。但中国人民银行等部委联合发布的通知以及公告，均明确指出任何组织和个人不得非法从事代币发行融资活动以及代币融资交易平台，不得买卖所谓的虚拟货币。代币发行融资本质上是一种未经批准非法公开融资的行为，代币发行融资中使用的代币或虚拟货币不是中国人民银行发行，不具有法偿性与强制性等货币属性，不具有与货币等同的法律地位，不能在市场上流通使用，不得买卖所谓的虚拟货币，因此有关虚拟货币的交易行为会严重扰乱经济金融秩序，损害了社会公共利益。由此可见，虚拟货币不受法律保护，因虚拟货币产生的债务均系非法债务。

二、虚拟货币合同的法律效力

以 2021 年 9 月 15 日《关于进一步防范和处置虚拟货币交易炒作风险的通知》为界，针对涉及虚拟货币交易合同的效力存在的困境，人民法院通过司法审判认定虚拟货币相关合同的法律效力并据以形成有效和无效的裁判思路。

1. 认可涉及虚拟货币合同的法律效力

《关于防范比特币风险的通知》(2013 年)认定比特币是一种特定的虚拟商品，否认了其货币属性，不应作为货币在市场上流通，且对金融机构和支付机构作出相关禁止性规定。当时中国人民银行在答问时表示：比特币交易作为一种互联网上的商品买卖行为，普通民众在自担风险的前提下，拥有参与的自由。《关于防范代币发行融资风险的公告》(2017 年)主要是界定并禁止了代币发行融资活动，并未禁止个人投资者的投资交易买卖行为和否定其作为商品的财产属性,亦并未禁止比特币的持有。有裁判观点认为,虚拟货币为建立在数据上的虚拟物,权利人可以对其进行占有、使用、获得收益以及进行占有转移,其本身具有可交换性,具备权利客体的特征,符合虚拟财产的构成要件,应受法律保护。尽管虚拟货币不是法定货币,不具有法偿性与强制性,但并不意味着虚拟货币不具有法律保护的财产价值,我国法律、行政法规并未禁止虚拟货币的持有和合法流转,且相关部门规范性文件中并未禁止虚拟货币的买卖等,因此该等民事法律行为有效。此外,《民法典》第一百二十七条规定:“法律对数据、网络虚拟财产的保护有规定的,依照其规定。”据此,将比特币等虚拟货币归属于虚拟财产进行保护,法律持肯定态度。

2. 否定涉及虚拟货币合同的法律效力

国务院金融稳定委员会于 2021 年 5 月 21 日作出“打击比特币挖矿和交易行为,坚决防范个体风险向社会领域传递”的决定。2021 年《关于整治虚拟货币“挖矿”活动的通知》《关于进一步防范和处置虚拟货币交易炒作风险的通知》均采“禁止”规范。《关于进一步防范和处置虚拟货币交易炒作风险的通知》明确虚拟货币相关业务活动属于非法金融活动,境外虚拟货币交易所通过互联网向我国境内居民提供服务同样属于非法金融活动;任何法人、非法人组织和自然人投资虚拟货币及相关衍生品,违背公序良俗的,相关民事法律行为无效,由此引发的损失由其自行承担;涉嫌破坏金融秩序、危害金融安全的,由相关部门依法查处。而最高人民法院作为该通知的发文单位之一,将相关活动定性为非法金融活动,“一律严格禁止,坚决依法取缔”并“严厉打击”;同时对合同效力明确采用效力性强制性规范的语义,“任何法人、非法人组织和自然人投资虚拟货币及相关衍生品,违背公序良俗的,相关民事法律行为无效,由此引发的损失由其自行承担”。直接援引公序良俗原则对相关民事法律行为即合同的效力进行明确否定。由此可见,虚拟货币投资及交易行为,严重损害了国家金融监管秩序,违背公序良俗,相关的法律行为应属无效,并且由交易虚拟货币等行为导致的损失,法律不予保护。该通知之后,法院倾向于认定虚拟货币相关的民事法律行为原则上是无效的且目前裁判观点趋于一致。有裁判观点认为,虚拟货币相关的民事法律行为违背了“金融管制”,是“非法金融活动”,属于“违法债务”且有违于公序良俗基本原则,进而相关民事法律行为无效,当事人应自担风险,当事人无权请求返还虚拟货币或相应利益。

相关法律规范

《民法典》

第一百二十七条　法律对数据、网络虚拟财产的保护有规定的，依照其规定。

第一百四十三条　具备下列条件的民事法律行为有效：

（一）行为人具有相应的民事行为能力；

（二）意思表示真实；

（三）不违反法律、行政法规的强制性规定，不违背公序良俗。

第一百五十七条　民事法律行为无效、被撤销或者确定不发生效力后，行为人因该行为取得的财产，应当予以返还；不能返还或者没有必要返还的，应当折价补偿。有过错的一方应当赔偿对方由此所受到的损失；各方都有过错的，应当各自承担相应的责任。法律另有规定的，依照其规定。

《中国人民银行法》

第十六条　中华人民共和国的法定货币是人民币……

第二十条　任何单位和个人不得印制、发售代币票券，以代替人民币在市场上流通。

（甘义军撰写）

三、涉虚拟货币债权转让的合法性认定

关 键 词：虚拟货币　债权转让　强制性规定　公序良俗

典型案例：涉虚拟货币债权转让纠纷案

裁判要旨：债权转让的前提是债权人对债务人享有债权且该债权合法有效，原债权人转让的债权应在内容和形式上均为受法律保护的合法有效之债。网络虚拟货币并非国家有权机关发行的法定货币，不具有与法定货币等同的法律地位，不具有法偿性，故不应且不能作为货币在市场流通使用，相关交易合同不受法律保护、投资交易后果和损失由相关方自行承担。

案情简介

2018年2月12日，李某某、胡某某分别向李某转账100万元、200万元，胡某某转账附言“投入到甲资本区块链投资基金对应的份额”。2018年2月13日，李某某再次向李某转账100万元。当日，李某向戴某钱包账户转入887个ETH币。2018年2月14日，李某向李某某发送ETH币钱包截图并称“还能买差不多7个，是买了还是就这样”，李某某回复“全部买完”。2018年2月15日，李某再次向戴某钱包账户转入177.998个ETH币。

戴某、李某某、胡某某、李某四人建有“甲资本投资群〔T **〕”微信群。2018年2月13日，戴某确认收到887个ETH币；2018年2月15日，戴某确认收到178个ETH币。2018年2月26日，戴某发布链接“T ** –版权追溯的最后一公里”并称“准备投500个ETH币，请大家审批。明确T **项目，群中每人125个ETH币，同意请回复”。李某某和胡某某均回复同意投125个ETH币。2018年2月27日，李某某询问“T **，500个ETH是否已投”，戴某回复“还没打出去，在抢额度”。2018年5月6日，李某某问戴某“约好6号退币，什么时候完成？”戴某回复“我来安排”。微信群中，戴某除介绍T **项目外，各方还协商了能链币PLK交易项目。

李某某（甲方）、胡某某（乙方）、胡某洲（丙方）签订《债权转让协议》，约定：戴某欠甲方价值400万元（甲方购买时价值）人民币的ETH，欠乙方价值200万元（乙方购买时价值）人民币的ETH，甲方将对债务人戴某的债权400万元人民币的ETH整体转让给丙方，乙方将对债务人戴某的债权200万元人民币的ETH整体转让给丙方。李某某、胡某某分别向戴某发送《债权转让通知书》，告知戴某将ETH债权转让给胡某洲。胡某洲起诉请求：1.戴某返还1065个ETH币；若不能返还，则按每个ETH币12 503.76元赔偿损失13 316 504元；2.戴某赔偿利息损失（以600万元为基数，自2018年5月6日起至2019年8月19日止按照中国人民银行同期贷款利率标准计算；自2019年8月20日起至实际付清之日止按照全国银行间同业拆借中心公布的贷款市场报价利率计算）；3.戴某承担保全费、诉讼费及保全保险费。

诉讼中，戴某认可收到李某某和胡某某通过李某转入的1065个ETH币。关于1065个ETH币的用途，戴某主张均用于投资T **项目且已全部投资到位，但未就此举证；胡某洲对此不予认可，主张李某某与胡某某将1065个ETH币全部委托给戴某投资虚拟币项目，已下达的投资指令为每人125个ETH币用于投资T**项目，其余ETH币暂由戴某保管，待有好项目时再行投资。

诉讼中，胡某洲提交李某某与胡某某出具的《关于〈债权转让协议〉的补充说明》，拟证明《债权转让协议》签订日期、转让内容及真实性，主张是对合同权利的整体转让；同时，胡某洲称《债权转让协议》约定转让对价600万元，但尚未支付，主张是否约定及支付转让对价并不影响《债权转让协议》的真实性且与戴某无关。

法院观点

根据原《合同法》第七条、第七十九条之规定，当事人订立、履行合同，应当遵守法律、行政法规，尊重社会公德，不得扰乱社会经济秩序，损害社会公共利益。债权人可以将合同的权利全部或者部分转让给第三人，但有下列情形之一的除外：(1)根据合同性质不得转让；(2)按照当事人约定不得转让；(3)依照法律规定不得转让。因此，债权转让的前提是债权人对债务人享有债权且该债权合法有效，原债权人转让的债权应在内容和形式上均为受法律保护的合法有效之债。本案中，胡某洲主张其受让的债权基于李某某、胡某某对戴某的债权。根据有关比特币等虚拟货币及"挖矿"活动风险防范、整治政策文件，ETH币为网络虚拟货币，并非国家有权机关发行的法定货币，不具有与法定货币等同的法律地位，不具有法偿性，故不应且不能作为货币在市场流通使用，国家相关部门亦多次发文提示虚拟货币交易存在投资炒作风险、虚拟货币交易合同不受法律保护、投资交易后果和损失由相关方自行承担，相关文件均公开发布，公众均可查阅并知晓其内容。因此，胡某洲受让之债权并非法律所保护的合法有效之债权，故其有关戴某返还ETH币、赔偿损失并支付利息的诉讼请求缺乏法律依据。

法官说法

虚拟货币是相对于传统纸币而言的概念，广义上的虚拟货币包括国家发行的数字货币以及其他主体发行的虚拟货币、代币或者游戏币等。由于国家发行的数字货币具有法偿性、强制性，其法律地位及货币功能与传统纸币相比并无本质区别,其他主体发行的游戏币等一般仅限于在特定网络平台或者服务中使用,不具备货币流通属性,故涉虚拟货币的合同纠纷是指狭义上的虚拟货币,即其他主体发行的以区块链技术为基础、去中心化的、点对点的、采取非对称加密技术的虚拟货币。

司法实践中,根据交易主体及交易环节的区别,涉虚拟货币合同纠纷可分为涉虚拟货币平台的合同纠纷与涉虚拟货币的交易合同纠纷,前者的当事人主体多为公司,合同内容主要围绕虚拟货币的发行、交易、信息中介服务展开;后者的当事人类型及合同内容则更为多样,具体交易行为包括虚拟货币买卖、虚拟货币委托理财,部分交易还涉及担保。[①] 本案中,李某某、胡某某委托李某以600 万元人民币购得 1065 个 ETH 币(“以太币”),后又指示李某将购得的全部ETH 币转给戴某用于继续投资 T ** 区块链项目,故李某某、胡某某与李某、戴某之间应属委托合同法律关系;李某某、胡某某将其对戴某的权利转让给胡某洲,胡某洲据此诉请戴某返还 1065 个 ETH 币、赔偿损失并支付利息。因此,本案纠纷在法律性质上属于债权转让法律关系,其基础法律关系为委托合同法律关系。胡某洲作为债权受让人,其对戴某的主张能否得到支持,取决于其与李某某、胡某某之间的债权转让能否发生法律规定之效果,即本案债权转让是否符合法律规定的构成要件。

一、债权转让之构成要件分析

债权转让亦称债权让与,是指在不改变债权内容的前提下,债权人将其享有的债权转移于第三人的制度。[②] 从法律效果看,债权全部转让的,原债权债务关系消灭并产生新的债权债务关系,受让人取代原债权人成为新的债权人;债权部分转让的,受让人作为第三人加入到原债权债务关系中,与原债权人共同享有债权。由此可见,债权转让制度承认了债权的财产属性并超越了“债是法锁”的相对给付关系。[③] 原《合同法》第七十九条对债权转让制度作出了规定,《民法典》第五百四十五条在延续合同法规定的同时亦作出了相应调整并增加了关于当事人约定债权不得转让的效力规定。通过前述规定可以看出,立

---

① 参见林鸿:《论虚拟货币纠纷合同效力认定的裁判路径》,载《法律适用》2022 年第 10 期。

② 参见史尚宽:《债法总论》,中国政法大学出版社 2000 年版,第 704 页。

③ 参见朱广新、谢鸿飞主编:《民法典评注:合同编 · 通则》,中国法制出版社 2020 年版,第 85 页。

法在承认债权转让制度的同时以除外规定的方式明确了三种不得转让的情形，包括根据债权性质不得转让、按照当事人约定不得转让、依照法律规定不得转让。①

债权转让的法律效果表明债权转让行为可使当事人权利义务关系发生变动效果，故一般认为债权转让在性质上属于处分行为，直接导致债权发生变动，发生债权转移效果，②其构成要件应当包括积极要件与消极要件两个方面。积极要件有三，一是债权人对债务人存在特定且有效的债权；二是债权人对该债权具有处分权限；三是债权人与第三人的债权转让合同法律关系满足法律关于合同一般生效要件的规定。消极要件即指不存在法律规定的三种不得转让情形。需要说明的是，被转让债权的有效性既指该债权应当真实存在且未消灭，亦指该债权应当具备合法性，故对赌债等不具有合法性的债权，不存在可转让的前提和基础，转让赌债自然不能发生债权转让的法律效果。本案中，李某某、胡某某与胡某洲签订《债权转让协议》约定李某某、胡某某将其对戴某的债权合计 600 万元的 ETH 整体转让给胡某洲，戴某亦认可收到了李某某、胡某某通过李某转入的 1065 个 ETH 币。因此，李某某、胡某某与胡某洲之间的债权转让在形式上符合前述部分积极要件，亦不存在消极要件所涉三种不得转让情形。但是，本案之所以未支持胡某洲基于债权转让对戴某提出的权利主张，正是因为本案被转让债权并不符合债权的有效性要件，具体而言即李某某、胡某某基于 1065 个 ETH 币对戴某的债权不具备合法有效性。

二、涉虚拟货币交易合同之合法性审查重点

根据《民法典》第一百一十八条第二款之规定，债权是因合同、侵权行为、无因管理、不当得利以及法律的其他规定，权利人得请求特定义务人为或者不为一定行为的权利。因此，债是按照合同约定或者依照法律规定在当事人之间产生的特定权利与义务关系，债的内容即“为或者不为一定行为”。如前所述，李某某、胡某某与戴某之间成立委托合同法律关系，李某某、胡某某委托戴某以 ETH 币继续投资 T ** 区块链项目，戴某亦认可收到李某某、胡某某的 1065 个

---

① 关于三种不得转让情形的理解，可参见最高人民法院民法典贯彻实施工作领导小组主编：《中华人民共和国民法典合同编理解与适用(一)》，人民法院出版社 2020 年版，第 562 页。

② 参见韩世远：《合同法总论》(第三版)，法律出版社 2011 年版，第 460 页。

ETH 币。根据原《合同法》第四百一十条、《民法典》第九百三十三条的规定，委托人或者受托人可以随时解除委托合同，因解除合同造成对方损失的，除不可归责于该当事人的事由外，解除方应依法赔偿对方损失。因此，如果李某某、胡某某认为戴某未按约定或者指示将 ETH 币继续投资 T ** 区块链项目，则其二人基于与戴某的委托合同法律关系对戴某享有相应债权，债的内容为戴某向其二人返还 ETH 币、赔偿损失。由此可见，李某某、胡某某在本案中针对戴某的债权系因其与戴某之间的委托合同法律关系而成立，尽管各方未就以 1065 个 ETH 币继续投资 T ** 区块链项目签订书面委托合同，但并不影响李某某、胡某某与戴某之间成立委托合同法律关系。因此，审查李某某、胡某某针对戴某的债权合法性，实际上是审查李某某、胡某某与戴某之间关于以 ETH 币投资 T ** 区块链项目的委托合同法律关系的合法性，该委托合同属于上文所述涉虚拟货币的交易合同。

根据原《合同法》第五十二条之规定，有下列情形之一的，合同无效：(1)一方以欺诈、胁迫的手段订立合同，损害国家利益；(2)恶意串通，损害国家、集体或者第三人利益；(3)以合法形式掩盖非法目的；(4)损害社会公共利益；(5)违反法律、行政法规的强制性规定。尽管《民法典》未就合同无效情形专门予以规定，但是根据《民法典》第五百零八条之规定，本编对合同的效力没有规定的，适用本法第一编第六章的有关规定。因此，结合《民法典》第一编第六章第三节关于民事法律行为效力的规定，无效的民事法律行为主要包括以下情形：1. 无民事行为能力人实施的民事法律行为；2. 行为人与相对人以虚假的意思表示实施的民事法律行为；3. 违反法律、行政法规的强制性规定的民事法律行为，但该强制性规定不导致该民事法律行为无效的除外；4. 违背公序良俗的民事法律行为；5. 行为人与相对人恶意串通，损害他人合法权益的民事法律行为。本案中，李某某、胡某某与戴某之间的委托合同并不涉及民事行为能力、虚假意思表示、恶意串通损害他人合法权益等无效情形，而是与是否违反法律及行政法规强制性规定、是否损害社会公共利益以及是否违背公序良俗相关，故其合法性审查重点应当结合有关强制性规定的识别与违背公序良俗原则的适用来展开。

三、虚拟货币交易合同之合法性审查路径

关于强制性规定的识别，最高人民法院在《全国法院民商事审判工作会议

纪要》(法〔2019〕254 号)第三十条第二款指出,人民法院在审理合同纠纷案件时,要依据《民法总则》第一百五十三条第一款和《最高人民法院关于适用〈中华人民共和国合同法〉若干问题的解释(二)》第十四条的规定慎重判断强制性规定的性质,特别是要在考量强制性规定所保护的法益类型、违法行为的法律后果以及交易安全保护等因素的基础上认定其性质,并在裁判文书中充分说明理由。下列强制性规定,应当认定为效力性强制性规定:强制性规定涉及金融安全、市场秩序、国家宏观政策等公序良俗的;交易标的禁止买卖的,如禁止人体器官、毒品、枪支等买卖;违反特许经营规定的,如场外配资合同;交易方式严重违法的,如违反招投标等竞争性缔约方式订立的合同;交易场所违法的,如在批准的交易场所之外进行期货交易。关于经营范围、交易时间、交易数量等行政管理性质的强制性规定,一般应当认定为管理性强制性规定。需要说明的是,涉虚拟货币合同案件当前仍属新型金融合同纠纷,相关法律、行政法规在事实上存在滞后性,故涉及虚拟货币的现行规范性文件主要是部门规章。因此,由于前述有关强制性规定主要指向法律、行政法规,故对部门规章能否作为涉虚拟货币交易合同合法性审查的适用依据以及如何适用仍需进一步讨论。目前,涉及虚拟货币监管的部门规章如表 6-1 所示。

表 6-1 涉及虚拟货币监管的规范性文件

规范性文件名称	效力级别	法规类别	发布时间	发布部门
《关于个人通过网络买卖虚拟货币取得收入征收个人所得税问题的批复》(国税函〔2008〕818 号)	部门规章-部门规范性文件	个人所得税	2008 年 9 月 28 日	国家税务总局
《关于防范比特币风险的通知》(银发〔2013〕289 号)	部门规章-部门规范性文件	银行业监督管理、货币政策	2013 年 12 月 3 日	中国人民银行、工信部、银监会
《关于防范代币发行融资风险的公告》	部门规章-部门规范性文件	银行业监督管理	2017 年 9 月 4 日	中国人民银行、网信办、工信部等
《关于防范以"虚拟货币""区块链"名义进行非法集资的风险提示》	部门工作文件	其他金融机构监管	2018 年 8 月 24 日	原银保监会、网信办、公安部、中国人民银行等

续表

规范性文件名称	效力级别	法规类别	发布时间	发布部门
《关于整治虚拟货币“挖矿”活动的通知》(发改运行〔2021〕1283 号)	部门工作文件	金融其他规定	2021 年 9 月 3 日	中宣部、网信办、发改委、工信部、公安部、中国人民银行、财政部、国家税务总局、市场监管总局、国家能源局、银保监会
《关于进一步防范和处置虚拟货币交易炒作风险的通知》(银发〔2021〕237 号)	部门规章－部门规范性文件	货币政策	2021 年 9 月 15 日	网信办、工信部、公安部、中国人民银行、市场监管总局、证监会、银保监会、最高人民法院、最高人民检察院、外汇管理局

关于部门规章在合同效力认定中的适用问题，最高人民法院在《全国法院民商事审判工作会议纪要》(法〔2019〕254 号)第三十一条指出，违反规章一般情况下不影响合同效力，但该规章的内容涉及金融安全、市场秩序、国家宏观政策等公序良俗的，应当认定合同无效。人民法院在认定规章是否涉及公序良俗时，要在考察规范对象基础上，兼顾监管强度、交易安全保护以及社会影响等方面进行慎重考量，并在裁判文书中进行充分说理。在法律位阶上，规章包括了地方政府规章与部门规章，故在涉虚拟货币交易合同的效力审查中可按照前述规定处理部门规章的适用问题。从前述规定可以看出，规章借由公序良俗原则对合同效力产生影响且一般限定在金融安全、市场秩序、国家宏观政策等方面，即如果某部门规章的内容涉及金融安全、市场秩序、国家宏观政策，此时当事人订立的合同违反该部门规章规定而被认定为无效，并非因为合同违反了该部门规章本身，而是因为违反了该部门规章指向的公序良俗的要求。虚拟货币作为近年来数字经济、金融创新的典型代表，涉虚拟货币监管的部门规章涉及金融安全无须赘述。在考察合同违反金融领域的部门规章是否构成违背公序良俗时，应当综合考量以下因素：①

一是考察部门规章的规范对象。考察其规范对象是交易行为本身，还是市场主体准入条件或者是对监管对象的合规性监管。只有当其规范对象是交易

① 参见最高人民法院民事审判第二庭编著：《〈全国法院民商事审判工作会议纪要〉理解与适用》，人民法院出版社 2019 年版，第 256～257 页。

行为本身或者市场主体准入条件时,才可能影响合同效力。

二是考察交易安全保护因素。考察部门规章的规范对象是一方行为还是双方行为,如果仅规范一方行为,则需优先考虑交易相对人的保护问题,不应轻易否定合同效力。

三是考察部门规章的监管强度。如果违反该部门规章的后果仅是行政处罚,说明其监管强度较低,不宜以违反其规定为由否定合同效力;反之,如果违反该部门规章的行为可能构成犯罪,则表明其监管强度较高,在认定合同效力时对其规定应予考虑。

四是考察社会影响。只有当违反该部门规章的行为可能违背公序良俗时才认定其无效。对于造成的社会后果是否严重,要看此类行为是否具有普遍性以及对整个行业领域的影响。

通过对上述涉虚拟货币监管部门规章进行梳理,不难发现,前期相关文件主要规范金融机构和支付机构涉虚拟货币的相关交易活动,对于社会公众而言还主要停留在风险提示层面;后续逐步将规范主体拓展到社会其他组织及个人并向社会公众明确提出了风险自担。2021 年 9 月 15 日中国人民银行、最高人民法院、最高人民检察院等联合发布的《关于进一步防范和处置虚拟货币交易炒作风险的通知》第一条明确指出,虚拟货币不具有与法定货币等同的法律地位,不具有法偿性,不应且不能作为货币在市场上流通使用;虚拟货币相关业务活动属于非法金融活动,一律严格禁止,坚决依法取缔,对于开展相关非法金融活动构成犯罪的,依法追究刑事责任;参与虚拟货币投资交易活动存在法律风险,任何法人、非法人组织和自然人投资虚拟货币及相关衍生品,违背公序良俗的,相关民事法律行为无效,由此引发的损失由其自行承担;涉嫌破坏金融秩序、危害金融安全的,由相关部门依法查处。由此可见,《关于进一步防范和处置虚拟货币交易炒作风险的通知》作为涉虚拟货币监管的部门规章,其规范对象是虚拟货币交易行为本身,规范的是参与虚拟货币交易的各方主体,且其监管强度高,相关交易行为亦具有严重社会影响,故违反《关于进一步防范和处置虚拟货币交易炒作风险的通知》的行为违背了涉及金融安全的公序良俗,相关合同应属无效。因此,李某某、胡某某与戴某之间关于以 ETH 币投资 T ** 区块链项目的委托合同无效,即李某某、胡某某基于 1065 个 ETH 币对戴某的债权不具备合法有效性。

综上所述，因涉虚拟货币业务活动已被相关金融监管规范性文件定性为非法金融活动，故虚拟货币交易合同因违背与金融安全相关的公序良俗而被认定为无效，当事人基于虚拟货币的债权因此不具合法有效性，如其将该债权转让给第三人，则其与第三人之间的债权转让关系亦因未能满足债权转让之构成要件而不能依法成立，不能发生债权转让的法律效果。

相关法律规范

《民法典》

第八条　民事主体从事民事活动，不得违反法律，不得违背公序良俗。

第五百四十五条　债权人可以将债权的全部或者部分转让给第三人，但是有下列情形之一的除外：

（一）根据债权性质不得转让；

（二）按照当事人约定不得转让；

（三）依照法律规定不得转让。

当事人约定非金钱债权不得转让的，不得对抗善意第三人。当事人约定金钱债权不得转让的，不得对抗第三人。

（尚晓茜　刘　衍撰写）

第七章　电子合同相关法律问题

一、电子合同中免责条款的提示说明义务

关　键　词：保险合同　格式条款　责任免除　提示说明义务

典型案例：杨某与保险公司、冯某机动车交通事故责任纠纷案

裁判要旨：在电子投保等线上办理业务方式下，保险人作为提供格式条款一方，对于保险合同中免除保险人责任的条款履行提示说明义务之标准，相较于传统的线下投保签约方式应更为严格。方便快捷的电子提示、线上操作等新技术，并非保险人降低提示和说明标准的理由。

案情简介

2019年12月13日10时，在北京市某大桥，杨某驾驶甲牌小型轿车掉头行驶，与冯某驾驶的乙牌轿车的右后部相撞，造成两车损坏，无人受伤。此次事故经交通管理部门认定，杨某负全部责任。冯某车辆于次日被送往维修公司维修，进厂里程为1089公里，维修天数18天，维修项目共计41项，维修费总计79 000元。杨某车辆在保险公司投保了交强险和50万元商业三者险（含不计免赔），事故发生在保险期间内。保险公司已在交强险限额内赔付冯某修车费2000元；在商业三者险限额内赔付冯某修车费77 000元。

冯某向法院提起诉讼，主张除已得到赔偿的车辆维修费之外，亦发生交通费损失9000元、车辆贬值损失38 800元，请求依法判令保险公司在交强险和商业三者险限额内承担先行赔付责任，不足时由杨某赔偿，并举证证明其车辆于2019年11月18日购买，价格400 800元，申请对其车辆贬值损失进行鉴定。一审法院委托价格评估机构进行鉴定，鉴定报告记载：事故车辆经过修复后，整体技术指标已经达不到事故前的状态，其经济性、安全性、舒适性一般会受到一定

影响,在二手车交易过程中其价值也会降低。鉴定评估结论:价格评估标的在价格评估基准日的车辆贬值评估价格(不含维修费用)为 38 800 元。杨某认为,其对事故发生经过及责任认定没有异议,其已经在保险公司投保,且保险公司在其投保时未就免责事项进行告知,如要赔偿冯某损失,应该由保险公司赔偿,而非杨某赔偿。保险公司认为,车辆贬值损失属于间接损失,且不在保险合同约定的赔付范围之内,保险公司在杨某投保时已对其进行了免责事项提示和说明,故不同意赔偿;冯某未提供证据证明替代性交通工具费实际发生,对此项费用也不同意赔偿。

一审法院审理认为,根据保险公司电子投保的相关流程,杨某已收到保险公司向其送达的投保确认码及投保确认网址,杨某只有确认知晓相关免责条款,进行确认操作后保险合同方能生效,现杨某辩称其投保时保险公司并未对免责条款进行告知,该主张与电子投保的相关流程不符,杨某所称未看到相关免责条款的意见,缺乏证据,一审法院对此不予采信。根据保险公司与杨某保险合同约定,车辆贬值损失、替代性交通工具损失不属于保险公司的赔偿范围,故应由杨某承担,据此判决杨某赔偿冯某车辆贬值损失 38 800 元、替代性交通工具费 3600 元。宣判后,杨某不服一审判决,提出上诉。

二审法院经查,杨某系采用电子投保的方式在保险公司投保了交强险和商业三者险(含不计免赔)。保险公司于 2018 年 11 月 11 日向杨某发送投保链接短信,载明"投保人:杨某,车牌号码,为保障您的权益,请点击 http://www. ××× . com. cn 阅读投保告知事项(包括投保单、费率浮动情况、保险条款及免责事项),请确保在充分理解投保告知事项且无疑义之后,将投保验证码提供给保险公司,如对告知事项存在疑问,可以向保险销售人员详细了解。投保验证码是订立保险合同的重要依据,请妥善保管"。通过短信中网页链接进入投保页面,页面显示投保单等内容,下方显示"本人已阅知并充分理解保险条款及免责事项说明书内容,确认上述投保单内容属实,同意并接受按上述保险条款订立保险合同"及"确认投保"选项,其中"保险条款及免责事项说明书"字样以蓝色字体标注并注有下划线,点击进入后显示保险条款页面。该页面载明机动车交通事故责任强制保险条款(共计 27 条)、机动车商业保险条款(共计 48 条)、附加险、附加绝对免赔率特约条款、附加车轮单独损失险、附加新增加设备损失险、附加车身划痕损失险、附加修理期间费用补偿险、附加发动机进水损坏除外特约条款、附加车上货物责任险、附加精神损害抚慰金责任险、附加法定节假日限额翻倍险、附加医保外医疗费用责任险、附加机动车增值服务特约条款、机动车商业保险免责事项说明书、中国保险行业协会驾乘人员意外伤害保险示范条款(共计22条)、驾乘人员意外伤害保险免责事项说明书、意外健康险投保告知书等。其中机动车商业保险条款第二章机动车第三者责任保险中责任免除部分第二十四条载明,下列人身伤亡、财产损失和费用,保险人不负责赔偿:(1)被保险机动车发生意外事故,致使任何单位或者个人停业、停驶、停水、停气、停产、通讯或网络中断、电压变化、数据丢失造成的损失以及其他各种间接损失;(2)第三者财产因市场价格变动造成的贬值,修理后因价值降低引起的减值损失。经查看,保险条款页面篇幅较长、字数较多,需要翻阅多页后才可查看该责任免除部分第二十四条,前后均有大篇幅内容。后保险公司与杨某于当日签订机动车交通事故责任强制保险保险单(电子保单)及机动车商业保险保险单(电子保单),其中机动车商业保险承保险种中含不计免赔。

法院观点

本案争议焦点为责任免除部分第二十四条是否产生效力。保险公司主张该条款产生效力,其向杨某发送投保链接短信,杨某收到链接短信后,点击上述链接进入投保页面,在杨某阅读完毕所有内容确认无误,最终点击确认投保事项后,会出现投保验证码,杨某将投保验证码告知保险公司才能购买相应保险,故其已向杨某送达相关免责条款,应视为其已履行提示说明义务。杨某主张该条款不产生效力,其记不清具体投保过程,系由保险业务员帮其操作,但并未向其提示说明免责条款,其并不清楚免责条款内容。

《保险法》第十七条规定,订立保险合同,采用保险人提供的格式条款的,保险人向投保人提供的投保单应当附格式条款,保险人应当向投保人说明合同的内容。对保险合同中免除保险人责任的条款,保险人在订立合同时应当在投保单、保险单或者其他保险凭证上作出足以引起投保人注意的提示,并对该条款的内容以书面或者口头形式向投保人作出明确说明;未作提示或者明确说明的,该条款不产生效力。

第一,关于责任免除部分第二十四条是否属于格式条款的问题。格式条款是为了重复使用而预先拟定,并在订立合同时未与对方协商的条款。本案中杨某系采用电子投保的方式在保险公司投保了交强险和商业三者险(含不计免赔),保险公司通过网页向杨某提供的保险条款系其为了重复使用而预先拟定,应当遵循公平原则确定双方之间的权利和义务,且对于责任免除条款等与杨某有重大利害关系的条款,其作为保险条款的提供方在订立合同时未与杨某就此进行协商,故保险公司向杨某提供的该责任免除条款应属格式条款。

第二,关于责任免除部分第二十四条是否存在免除保险人责任的内容的问题。该条款所载"下列人身伤亡、财产损失和费用,保险人不负责赔偿:(一)被保险机动车发生意外事故,致使任何单位或者个人停业、停驶、停水、停气、停产、通讯或网络中断、电压变化、数据丢失造成的损失以及其他各种间接损失;(二)第三者财产因市场价格变动造成的贬值,修理后因价值降低引起的减值损失……"等内容系对保险人保险公司责任的免除,本案中保险公司亦据此主张车辆贬值损失及替代性交通工具费用属于相关责任免除范围,故该第二十四条应属免责条款。

第三,关于保险公司是否已就责任免除部分第二十四条履行提示及明确说明义务的问题。保险公司作为提供条款一方,在订立合同时应当在投保单、保险单或者其他保险凭证上作出足以引起投保人杨某注意的提示,并对该条款的内容以书面或者口头形式向投保人杨某作出明确说明。保险公司主张其已根据电子投保的相关流程向杨某送达相关免责条款,并据此主张车辆贬值损失及替代性交通工具费用不属于其赔付范围,故应就其已依法履行提示及明确说明义务,即在保险凭证上作出足以引起投保人杨某注意的提示,并对该条款的内容以书面或者口头形式向投保人杨某作出明确说明承担举证责任。

首先,从保险条款的列明方式来看,保险公司通过网页向杨某提供的保险条款所在页面,涵盖包括机动车交通事故责任强制保险条款、某保险股份有限公司机动车商业保险条款等诸多保险条款,篇幅较长,字数较多,责任免除部分第二十四条需要翻阅多页才可查看,且保险公司虽对于责任免除部分整体进行加粗处理,但在前后均有大篇幅内容的情况下,尚不能够达到足以引起投保人杨某注意的提示效果。

其次,从电子保单的投保方式来看,根据本案所查电子投保相关流程,投保人点击保险公司发送的投保链接短信中所载网址进入投保页面,再点击确认投保选项后,将投保验证码告知保险公司即可购买相应保险。其中虽然在短信和网页中出现“已阅知并充分理解”等字样,但在电子投保等线上办理业务方式日趋常用的情况下,保险公司作为提供格式条款的一方,相较于传统的线下投保签约方式,应当采取更加能够引起投保人注意的提示方式,其通过短信、电话、网页等线上方式对格式条款予以说明之程度,亦不应低于线下投保签约时应尽明确说明义务的标准,需确保投保人已注意了解保险合同涵盖的免责条款等内容,以期双方对保险合同均能充分理解知晓并达成合意,现保险公司所供证据尚不足以证明其在向投保人送达投保确认网址时,作出足以引起投保人杨某注意的提示,并曾以书面或者口头形式对免责条款进行明确说明,且其所主张的杨某阅读完毕所有内容并确认无误后才可点击确认投保选项亦缺乏依据。同时,在并非面对面订立保险合同的情况下,由于保险条款篇幅较长及线上投保操作简单等客观原因,投保人在购买保险时难以注意或者理解到与其有重大利害关系的免责条款,杨某亦主张投保过程系由保险业务员协助操作,其并不清楚免责条款内容,且保险公司亦未能提供证据证明保险业务员履行了说明义务。故综合现有证据,法院难以认定本案中保险公司就其所提供的相关免责条款已作出足以引起投保人杨某注意的提示,保险公司仅以短信、网页载明相关字样,亦不能够达到电子投保方式应尽的明确说明义务程度。

综上,保险公司依据相关免责条款主张车辆贬值损失及替代性交通工具费用不属于赔付范围,依据不足,法院不予支持。对于杨某主张保险公司未对车辆贬值损失及替代性交通工具费用免赔尽到提示说明义务,故该条款不产生效力之上诉理由,法院予以采信,本案中应由保险公司向冯某赔偿车辆贬值损失及替代性交通工具费用。二审法院作出终审判决:撤销一审判决,保险公司赔偿冯某车辆贬值损失 38 800 元、替代性交通工具费 3600 元。

法官说法

保险作为一种社会服务商品,投保人与被保险人是以购买者与消费者的身份参加保险的。对购买者与消费者的权益,法律所能提供的最有力保护在于使其享受到其本来希望得到的服务。在保险合同中,被保险人的权利在于得到保险金的赔偿或者给付,要让投保人充分了解到其所购买的保险服务能否提供其需要的保险保障,最有效的办法之一是限制保险人不适当免除责任的行为,因此对保险人免责条款的规范是对投保人和被保险人利益的最有力保护。这除了要靠保险监督管理机构制定与审查保险条款时对保险人免责条款加以规范外，还要赋予投保人充分的知情权和选择权。根据《保险法》第十七条及相关司法解释规定，保险人对保险合同中免除其责任的条款负有提示和明确说明之义务，并对其已履行明确说明义务承担举证责任，否则相关免责条款不产生法律效力。

电子保单是顺应信息时代发展的产物，与传统保险产品相比，具有快捷、便利、环保的诸多优势，但是保险人对格式条款的说明义务，尤其是免责条款的提示、说明义务，不因采取新的营销方式、操作流程简化、办理时间缩短而减轻或免除。此时保险人就免责条款履行的提示说明义务之标准，相较于面对面投保签约方式应更为严格。保险人严格履行明确说明义务，既有利于在免责事由出现时提出抗辩，也是遵循诚实信用原则的体现，以免投保人在得不到充分保障的情况下签订保险合同。探究电子投保方式下保险人就免责条款履行的提示说明义务之标准，对引导完善格式条款订立规则及法律后果，规范保险市场环境具有积极意义。

一、常见的保险合同中有哪些条款需要履行提示说明义务

格式条款是当事人为了重复使用而预先拟定，并在订立合同时未与对方协商的条款。提供格式条款的一方应当遵循公平原则确定双方的权利和义务，并采取合理的方式提示对方注意免除或者减轻提供方责任等与对方有重大利害关系的条款，且按照对方的要求对该条款予以说明。除法律规定的民事法律行为无效等情形外，提供格式条款的一方未履行提示或者说明义务，致使对方没有注意或者理解与其有重大利害关系的条款的，均属于法律规定的格式条款无效之情形。因此，判断合同提供方是否需要履行提示说明义务，首先应根据条款使用频率、形成时间、拟定主体来认定争议条款是否属于格式条款，再以条款具体内容衡量是否存在免除格式条款提供方责任的情形。

在保险法领域，《保险法》更为直接地规定了若保险人在订立合同时未就保险合同中免除保险人责任的条款作提示或者明确说明，则该条款不产生效力。保险合同中的免责条款是指保险合同中载明的保险人不负赔偿或者给付保险金责任的范围的条款，实务中最典型也最容易发生争议的是关于保险人对间接损失不负责赔偿的保险条款。

二、电子保单中免责条款的效力如何认定

保险免责条款的效力认定问题直接关系到案件的实体处理结果，一直是保

险纠纷当事人争议的焦点和影响司法尺度统一的难点。实务中保险人往往援引免责条款作为拒赔的依据,被保险人或受益人往往以免责条款无效或保险人未向投保人履行明确说明义务为由,主张免责条款不产生法律效力,要求保险人赔偿或给付保险金。在判断免责条款效力问题时,应当区分保险免责条款不生效、无效、不属于保险事故、无须提示说明当然有效以及仅需提示就生效等情形,本文所述是否履行提示说明义务对免责条款效力的影响即是其中免责条款不生效的情形。

按照《保险法》第十七条规定,保险合同中约定有关于保险人责任免除条款的,保险人在订立保险合同时应当向投保人作出提示并明确说明,未履行上述义务致使投保人未能注意并理解相关条款的,该条款不产生法律效力。因此保险人对于免责条款负有提示和说明两项法定义务,只有保险人对免责条款尽到了提示及说明两项义务后,该条款才对投保人产生效力,即认定保险免责条款是否产生效力的关键在于保险人是否履行了提示及明确说明义务。

三、如何认定保险人尽到了提示说明义务

根据《保险法》第十七条规定,对保险合同中免除保险人责任的条款,保险人在订立合同时应当在投保单、保险单或者其他保险凭证上作出足以引起投保人注意的提示,并对该条款的内容以书面或者口头形式向投保人作出明确说明。

关于"足以引起投保人注意的提示"的认定标准,参照《民法典》第四百九十六条中对提示义务的规定,要求格式条款提供方采取"合理的方式"提示对方注意免除或者减轻其责任等与对方有重大利害关系的条款,采用"合理的方式"目的在于使相对方充分注意。对于采取"合理的方式"具体指采用什么方式,要视具体情况而定,需要从文件性质、提请注意的方法、提请注意的时间等方面加以考察,包括但不限于文字、符号、字体等特别标识,但提请注意的程度需达到足以引起一般人注意的标准。本案中,保险公司通过网页向杨某提供的保险条款所在页面,涵盖机动车交通事故责任强制保险条款、机动车商业保险条款等诸多保险条款,篇幅较长,字数较多,责任免除部分需要翻阅多页才可查看,且保险公司虽对于责任免除部分整体进行加粗处理,但在争议条款前后均有大篇幅内容的情况下,尚不足以引起投保人杨某注意,不能达到提示效果。

关于“明确说明”的认定标准，应该从说明内容、说明方式及举证责任的划分等方面综合考量。

从说明内容的角度看，《保险法》第十七条所述“明确说明”，指保险人在与投保人签订保险合同之前或者签订保险合同之时，对于保险合同中所约定的免责条款，除了在保险单上提示投保人注意外，还应当对有关免责条款的概念、内容及其法律后果等，以书面或者口头形式向投保人或其代理人作出解释，以使投保人明了该条款的真实含义和法律后果。因此，保险人的说明义务属于法定义务，保险人履行说明义务是对免责条款的解释，免责条款不仅仅指冠以“免责条款”标题或“责任免除部分”项下的条款，而是指所有“影响投保人、被保险人和受益人的重要条款”；具体包括对免责条款的概念、内容、法律后果、保险术语及其他相关专门语句的含义、适用等事项作出明确、详细、具体的解释，以上解释作为合同中免责条款生效的法定条件，即只有保险人向投保人履行了免责条款的明确说明义务，免责条款才产生效力。

从说明方式的角度看，《保险法》第十七条规定明确说明义务履行的方式包括口头与书面两种。由于保险合同订立的方式多种多样，保险人履行说明义务的方式也各有不同。结合本案事实及实践通常做法，在进行书面说明时，需特别注意如下两点，首先，对免责条款的明确说明与合同中书面载明的免责条款内容不同，即使免责条款本身有了明确、清晰和完整的表述，也不能视为是保险人履行了明确说明的义务。保险人仅仅通过加黑印刷或者口头提醒等方式提示投保人注意免责条款，而不作进一步的解释和说明的，并非明确说明。其次，明确说明是保险人及其代理人就免责条款针对投保人个体的积极解释行为，意味着保险合同中对免责条款予以解释和说明的条款不能替代明确说明，因为这种条款属于与免责条款相关联的保险合同内容，本质上是消极应对投保人全体的解释行为。在此意义下，保险合同中载明的投保人声明一栏并不当然具有履行明确说明义务的效果，仍需确实引起投保人注意并得到其已理解具体内容的确认之后才可产生上述法律效果。

在举证责任的划分上，保险人对已履行明确说明义务负有举证责任，否则应承担不利的裁判结果。除投保人承认外，保险人以口头方式明确说明免责条款的，应提供口头向投保人明确说明的笔录、音像资料等；保险人主张以书面方式明确说明的，保险人应提供投保人阅后签字的明确说明内容。

保险人履行提示说明义务应具有主动性。提示说明义务的履行不以对方要求为条件,保险人要主动履行提示说明义务。保险合同是双方当事人就交易事项的意思表示达成一致的结果,保险条款是保险人预先拟定并未与对方协商的,如果保险人不主动履行提示义务,投保人有可能忽视格式条款的存在,即失去了就交易事项意思表示达成一致的基础。特别是对与投保人有重大利害关系的条款如免责条款,投保人在知晓后才有选择接受与不接受条款的机会,故保险公司应主动履行提示义务。值得注意的是,《民法典》第四百九十六条中规定的格式条款提供方的说明义务以对方提出要求为条件,对方未提出说明要求的,提供者没有说明的义务,即说明义务具有被动性,而《保险法》特别要求对格式条款予以主动说明,强调了保险人履行明确说明义务的主动性。

保险人履行提示说明义务应具有时效性。保险人应在合同成立前履行提示说明义务。只有在合同成立前使投保人知晓合同中存在的格式条款,并理解其内容,才能保证投保人是在理解合同格式条款的前提下,与保险人就格式条款规定的内容达成一致。合同成立后再履行提示与说明义务,即使投保人同意并接受,也只是相当于双方就此达成了补充协议,应按补充协议对待。

综上,在电子投保等线上办理业务方式日趋常用的情况下,保险人作为提供格式条款一方,对于保险合同中免除保险人责任的条款,相较于传统的线下投保签约方式,应当采取更加能够引起投保人注意的字体、符号或者其他明显标志的提示方式,其通过短信、电话、网页等线上方式对有关免责条款的概念、内容、法律后果、保险术语及其他相关专门语句的含义、适用等事项予以说明之程度,亦不应低于线下投保签约时应尽明确说明义务的标准,需确保投保人已注意了解保险合同涵盖的免责条款等内容的真实含义和法律后果,以期双方对保险合同均能充分理解知晓并达成合意。还需考虑的是,在保险人与同一投保人多次签订同样保险合同的情况下,保险人虽仍然应当履行《保险法》规定的明确说明义务,但司法认定标准可以适当降低。

相关法律规范

《民法典》

第四百九十六条　格式条款是当事人为了重复使用而预先拟定,并在订立合同时未与对方协商的条款。

采用格式条款订立合同的，提供格式条款的一方应当遵循公平原则确定当事人之间的权利和义务，并采取合理的方式提示对方注意免除或者减轻其责任等与对方有重大利害关系的条款，按照对方的要求，对该条款予以说明。提供格式条款的一方未履行提示或者说明义务，致使对方没有注意或者理解与其有重大利害关系的条款的，对方可以主张该条款不成为合同的内容。

第四百九十七条　有下列情形之一的，该格式条款无效：

（一）具有本法第一编第六章第三节和本法第五百零六条规定的无效情形；

（二）提供格式条款一方不合理地免除或者减轻其责任、加重对方责任、限制对方主要权利；

（三）提供格式条款一方排除对方主要权利。

《保险法》

第十七条　订立保险合同，采用保险人提供的格式条款的，保险人向投保人提供的投保单应当附格式条款，保险人应当向投保人说明合同的内容。

对保险合同中免除保险人责任的条款，保险人在订立合同时应当在投保单、保险单或者其他保险凭证上作出足以引起投保人注意的提示，并对该条款的内容以书面或者口头形式向投保人作出明确说明；未作提示或者明确说明的，该条款不产生效力。

《最高人民法院关于适用〈中华人民共和国保险法〉若干问题的解释（二）》（2020 年修正）

第十一条　保险合同订立时，保险人在投保单或者保险单等其他保险凭证上，对保险合同中免除保险人责任的条款，以足以引起投保人注意的文字、字体、符号或者其他明显标志作出提示的，人民法院应当认定其履行了保险法第十七条第二款规定的提示义务。

保险人对保险合同中有关免除保险人责任条款的概念、内容及其法律后果以书面或者口头形式向投保人作出常人能够理解的解释说明的，人民法院应当认定保险人履行了保险第十七条第二款规定的明确说明义务。

第十二条　通过网络、电话等方式订立的保险合同，保险人以网页、音频、视频等形式对免除保险人责任条款予以提示和明确说明的，人民法院可以认定其履行了提示和明确说明义务。

第十三条　保险人对其履行了明确说明义务负举证责任。

投保人对保险人履行了符合本解释第十一条第二款要求的明确说明义务在相关文书上签字、盖章或者以其他形式予以确认的，应当认定保险人履行了该项义务。但另有证据证明保险人未履行明确说明义务的除外。

（刘佳钰撰写）

二、因系统故障导致订单失败情形下的平台经营者责任

关 键 词：消费欺诈 系统故障 违约责任

典型案例：旅游预订平台系统故障导致的平台经营者责任纠纷案

裁判要旨：如因预定平台系统故障导致订单失败且并非平台经营者主观故意所致，则不构成消费欺诈，消费者无权据此主张惩罚性赔偿，但可依据双方之间的合同约定向平台经营者依法主张违约责任。

案情简介

2019年8月20日，吴某提交预订某酒店的申请，显示相关订单号、总金额、入住及退房日期、房型及数量、入住人等信息。2019年8月20日23时33分，发件人为“au. com、tc. com”向收件人为“wu. cn”发送了酒店预订成功确认函。吴某向某公司付款6689.23元并开具北京增值税电子普通发票。某公司认可收到上述款项及开具发票的事实。

吴某称其一家人抵达酒店前台出示确认函准备登记入住，却被告知酒店从未接到该订单，吴某提供的订单编号查无信息，拒绝了吴某的入住要求。吴某称某公司存在欺诈行为，即某公司收取其支付的酒店房款，而没有确认订单的有效性，向吴某出具了无效的订单，致使其无法入住房屋。吴某向法院提起诉讼，要求：1. 判令某公司退还房款6689.23元；2. 判令某公司支付3倍房款费惩罚性赔偿金20 067.69元。

某公司称认可吴某未成功入住酒店的事实，但某公司没有欺诈的意思表示和行为，某公司作为甲公司分销服务承接项目，甲公司向某公司发送确认预订成功的订单后，某公司则向吴某发送了确认预订成功的邮件，某公司只能默认

订单是预订成功的。同时，某公司认可双方存在服务合同关系，认可其存在违约行为，但该行为是基于客观不能的原因导致，并非主观的意愿，同意返还酒店房款 6689.23 元并赔偿 1576.77 元。

法院观点

一审法院审理认为，吴某主张某公司对其构成欺诈，主要表现在某公司收取其支付的酒店房款，而没有确认订单的有效性，向吴某出具了无效的订单，致使其无法入住房屋。一方当事人故意告知对方虚假情况，或者故意隐瞒真实情况，诱使对方当事人作出错误意思表示的，可以认定为欺诈行为。欺诈的构成要件需要包括以下四点：欺诈方的欺诈行为、欺诈故意、受欺诈方的错误意思表示以及欺诈方的欺诈行为与受欺诈方的错误意思表示有因果关系。构成欺诈行为，要求行为人必须从事了故意隐瞒真实情况或提供虚假情况的行为，且因为该行为而使相对人产生错误认识并遭受损害。根据在案证据及当事人陈述，并无证据证明某公司满足上述欺诈的构成要件，故吴某主张某公司支付 3 倍赔偿缺乏依据，一审法院不予支持。当事人应当按照约定全面履行自己的义务，吴某履行支付酒店房款的义务，某公司自认其未依约履行提供已确认可供入住酒店的义务的行为构成违约，故某公司应就无法提供原定酒店后的补救和处理问题承担相应的赔偿责任。某公司同意退还吴某酒店房款 6689.23 元，并向吴某补偿首晚住宿费差价 1576.77 元，一审法院不持异议。故一审法院判决某公司退还吴某酒店房款 6689.23 元，并向吴某补偿首晚住宿费差价 1576.77 元。宣判后，吴某不服一审判决，提出上诉。

二审法院认为，吴某通过某公司平台预订酒店，某公司称其系通过甲网进行酒店预订，因甲网与酒店之间的系统匹配错误导致涉案酒店住宿未能预订成功。根据本案查明事实，尚无证据直接显示某公司存在故意告知虚假情况或隐瞒真实情况的情形，故根据在案证据不足以证明某公司存在欺诈。吴某本案中主张 3 倍住宿费的惩罚性赔偿，缺乏依据，应不予支持。因某公司同意支付住宿费首晚差价 1576.77 元作为补偿，根据吴某自行预订酒店实际支付的费用，法院认为某公司同意支付的费用并无明显不妥，应予以确认。综上，二审法院驳回上诉，维持原判。

法官说法

随着境外旅游的发展,越来越多的旅游消费者通过平台或代理商提前预订境外酒店,而消费者遭遇到店后被告知无订单信息或客满无法办理入住等情形时有发生,对身处异国他乡的旅游消费者造成不便利,影响双方合同关系的履行以及消费者的旅途心情;但系统故障导致的订单失败并非经营者存在主观故意,不构成消费欺诈,消费者无权主张惩罚性赔偿,其可依据双方之间的合同向经营者主张违约责任。

一、消费欺诈的构成要件分析

《消费者权益保护法》第五十五条规定:"经营者提供商品或者服务有欺诈行为的,应当按照消费者的要求增加赔偿其受到的损失,增加赔偿的金额为消费者购买商品的价款或者接受服务的费用的三倍;增加赔偿的金额不足五百元的,为五百元。法律另有规定的,依照其规定。"该条款规定了消费欺诈行为导致的惩罚性赔偿法律后果,但何为消费欺诈,《消费者权益保护法》并未给出明确的概念和界定。《民法典》第一百四十八条规定:"一方以欺诈手段,使对方在违背真实意思的情况下实施的民事法律行为,受欺诈方有权请求人民法院或者仲裁机构予以撤销。"《最高人民法院关于适用〈中华人民共和国民法典〉总则编若干问题的解释》第二十一条规定:"故意告知虚假情况,或者负有告知义务的人故意隐瞒真实情况,致使当事人基于错误认识作出意思表示的,人民法院可以认定为民法典第一百四十八条、第一百四十九条规定的欺诈。"

布莱克法律词典将欺诈定义为:有不实陈述或者隐瞒事实的行为,有信赖此陈述而为某一行为并因此而受损害的后果。[①] 在我国台湾地区的"民法"中,欺诈是指"故意虚构事实或隐瞒事实而使相对人陷于错误而作出意思表示的行为"[②]。《民法典》及相关司法解释关于欺诈的规定能否用来解释和认定《消费者权益保护法》所规定的消费欺诈? 我们认为,首先,《民法典》第一百二十八条规定,对未成年人、老年人、残疾人、妇女、消费者等的民事权利保护有特别规定的,依照其规定。这也就把《消费者权益保护法》与《民法典》连接在了一起,由

---

① See Bryan A. Garner, *Black' s Law Dictionary*, 9th ed., Minnesota: West Group, 2009, p. 731.

② 王泽鉴:《民法总则》,北京大学出版社 2009 年版,第 308 页。

此“实现了消费者保护法与民法一体化的目的”[①]。其次，消费合同属于民事合同的一种，应遵循《民法典》的一般原则。《消费者权益保护法》基于消费者的弱势地位和特殊的立法目的，规定了相应的消费者权利和经营者义务及惩罚性赔偿的法律后果，对消费者进行倾斜性保护，符合《民法典》实质公平的价值基础，所以消费欺诈仍应在民法体系大框架之下进行解释。最后，从民法解释学理论出发，同一法律或者不同的法律使用同一概念时，原则上应做同一解释。既然《消费者权益保护法》未对欺诈行为进行定义，则应按照《民法典》及相关司法解释的规定进行解释。综上，虽然《消费者权益保护法》未对消费欺诈的定义加以规定，基于《消费者权益保护法》的立法目的、法律属性及相关体系解释的观点，消费者权益保护领域的消费欺诈可以参照《民法典》及相关司法解释关于欺诈的规定。这一观点也是目前学界的通说及司法实务界的共识。

根据以上分析，消费欺诈应当具备以下四个要件：一是欺诈人有欺诈的故意；二是欺诈人实施了欺诈的行为；三是被欺诈人因欺诈行为而陷入错误认识；四是被欺诈人因为错误认识而作出意思表示，即欺诈行为和意思表示之间具有因果关系。在对消费欺诈的举证证明上，根据民事诉讼关于“谁主张，谁举证”的原则，在无特别规定的情形下，主张经营者存在消费欺诈的，证明责任原则上应由消费者承担。具体认定时，由于欺诈故意是一种主观心理状态，消费者难以对此进行直接的证明，因此，应当从经营者在销售商品时是否尽到注意义务、具体的销售行为对消费者和经营者构成的影响、经营者是否明知可能存在瑕疵而放任等方面考察，结合消费者的举证能力及案件的客观事实，综合推断经营者是否存在欺诈的故意；对于被欺诈人是否因欺诈行为而陷入错误认识并作出意思表示，则应结合告知虚假信息和隐瞒信息的程度、购买行为本身以及一般社会群体的消费认知能力和消费观念等因素综合进行判断。

本案中，根据平台关于旅游产品的预定规则，预订服务由平台经营者提供，住宿及其他服务由具体的酒店或供应商提供，订单需等供应商确认后生效。吴某作为消费者虽与某公司之间存在预订服务合同关系，但旅游产品的具体信息并非完全由某公司决定，而是平台经营者根据供应商的确认结果向消费者发送相关的订单信息。在案证据并不足以证明某公司存在欺诈的故意，某公司关于

---

① 杨立新：《我国〈民法总则〉规定消费者概念的重要价值》，载《法学杂志》2017 年第 4 期。

系统故障导致订单失败的主张存在事实上的可能性,故某公司的行为不构成消费欺诈,吴某无权主张惩罚性赔偿。

二、系统故障导致订单失败情形下的平台经营者责任

消费合同属于民事合同的一种,在经营者不构成消费欺诈的情形下,消费者虽无权主张惩罚性赔偿,但不影响其依据一般民事合同主张相关权利。《民法典》第五百七十七条规定:"当事人一方不履行合同义务或者履行合同义务不符合约定的,应当承担继续履行、采取补救措施或者赔偿损失等违约责任。"

实践中,随着网络交易的频繁,越来越多的合同借助平台得以成立。合同履行过程中产生纠纷时,经营者往往以系统故障为由进行抗辩。此种情形下经营者应对自己的主张提交证据证明。因系统故障的证明一定程度上需要借助相应的技术手段,存在一定难度。根据《最高人民法院关于适用〈中华人民共和国民事诉讼法〉的解释》(2022 年修正)第一百零八条第一款规定,对负有举证证明责任的当事人提供的证据,人民法院经审查并结合相关事实,确信待证事实的存在具有高度可能性的,应当认定该事实存在。故对于经营者主张的系统故障,经营者需提交初步证据,如平台交易结构、系统规则、邮件往来、订单信息等证明其在合同履行过程中不存在过错,人民法院按照法定程序,全面、客观地审核,并依照法律规定,运用逻辑推理和日常生活经验法则进行判断。

本案中,消费者与平台经营者之间成立预订服务合同,消费者应按照约定向平台经营者支付合同价款,平台经营者应按照约定根据消费者的需求向消费者提供酒店预订服务。根据当事人提交的证据,吴某实际向某公司支付了合同价款,某公司虽已向吴某发送订单信息,但消费者根据该订单信息无法享受酒店服务,其与某公司之间签订的服务合同无法实现合同目的。吴某虽主张某公司存在消费欺诈,但未对其主张提交充分证据加以证明,根据平台运行规则及在案订单信息,某公司主张的系统故障具有高度可能性,但该情形导致的订单失败属于不可归责于吴某一方的原因,应认定某公司在合同履行过程中存在违约行为,应向吴某承担违约责任,即应向吴某返还合同价款并向吴某支付无法按照合同约定享受酒店服务而额外产生的损失。

为使消费者获得更好的旅游体验,促进旅游业进一步发展,在为旅游消费者提供服务的过程中,平台经营者应对相关酒店预订信息通过各种方式作出审

慎的、具体的、必要的审查、核对以及确认，并将相关情况及时告知消费者，避免出现“到店无房”的情形，进而造成消费者行程延误或其他经济损失。

相关法律规范

《民法典》

第一百二十八条　法律对未成年人、老年人、残疾人、妇女、消费者等的民事权利保护有特别规定的，依照其规定。

第一百四十八条　一方以欺诈手段，使对方在违背真实意思的情况下实施的民事法律行为，受欺诈方有权请求人民法院或者仲裁机构予以撤销。

第五百七十七条　当事人一方不履行合同义务或者履行合同义务不符合约定的，应当承担继续履行、采取补救措施或者赔偿损失等违约责任。

《消费者权益保护法》

第五十五条第一款　经营者提供商品或者服务有欺诈行为的，应当按照消费者的要求增加赔偿其受到的损失，增加赔偿的金额为消费者购买商品的价款或者接受服务的费用的三倍；增加赔偿的金额不足五百元的，为五百元。法律另有规定的，依照其规定。

（尚晓茜　夏海曼撰写）

三、网络购物合同标的争议的确认

关 键 词：资格订金　买卖合同　损害赔偿

典型案例：网络购物合同标的争议的确认

裁判要旨：在网络购物所形成的合同标的存在争议的情况下，要借助订单、产品网页信息，网络平台交易规则等综合予以判断。

案情简介

2020 年，李某使用电子账户在淘宝网店上下单“秒杀车辆资格订金”，并支付价款 999 元。商品页面信息显示：全新某特别版 999 元秒杀资格订金，整车售价 109 999 元,价格 999 元;某市 1 家门店可以使用,某汽车有限公司;全球限量 99 台,秒完即绝版,唯一销售渠道,Step1 抢购 999 元秒杀资格订金,只有拍下此订金的客户才可参加全新特别版汽车 9 元秒杀活动,如未能成功秒杀,此订金全款退还,也可用于购买全新普通版车辆;Step2 秒杀特别版车辆,欲参加全新特别版 9 元秒杀活动的客户,请先购买 999 元秒杀资格订金,如未购买 999 元秒杀资格订金,则不可参加 9 元秒杀活动;Step3 参加线下活动,成功秒杀全新特别版车辆且于月底前核销的客户,将获赠单人入场券、往返机票和住宿;秒杀成功的客户,请于当月月底前至所选车辆授权经销商处开具零售发票,届时将享受全新特别版好礼;可看车经销商包括某汽车有限公司;核销流程为拍下 999 元秒杀资格订金并收到手机验证码——9 元秒杀成功并收到手机验证码——秒杀成功后到选定的经销商处核销 999 元及 9 元订金、支付全新特别版尾款,秒杀失败的到选定的经销商处核销 999 元订金(或退还订金)、支付全新普通版车尾款。商品网页订单状态显示:卖家已发货,您购买的是电子兑换券商品,请查看手机短信;电子兑换券发送信息的发送状态为已发送,还有 1 个电子兑换券未核销。商品网页订单信息显示:接收手机 ****,线下门店某汽车公司,地址在某市 3 号,电话 ***;订单编号 ****,状态为未核销,单价 999 元,数量 1,优惠无,商品总价 999 元。

同日李某手机接收短信内容显示:验证码(略),您已成功订购全新特别版 999 元秒杀资格订金,有效期 1 个月;(风险提示)提供验证码即视为确认收货。

第三日,李某下单"全新特别版限量 99 台秒杀订金",并支付价款 9 元。商品网页页面信息显示:全新特别版全球限量 99 台秒杀订金,整车售价 109 999 元,价格 109 999 元;其他内容与"全新特别版 999 元秒杀资格订金"商品网页页面信息一致。

商品网页当前订单状态显示:卖家发货,核销后打款给卖家;卖家已发货,您购买的是电子兑换券商品,请查看手机短信;电子兑换券发送信息的发送状态为已发送,还有 1 张电子券未核销。商品网页订单信息显示:接收手机 ****,订单编号 ***,状态未核销,单价 109 999 元,数量 1,优惠限量省 109 999 元,商品总价 9 元。

同日李某通过淘宝网旺旺与网店客服人员联系。李某问"什么时候可以提车",客服答复"您需要支付 999 元订金才可以有资格参加第三日下午 9 元秒杀抢购限量车99台的活动;9元链接抢购成功后需要在月底之前,到店完成核销,并支付整车尾款,并不是999+9元可以购买整车的哦”,李某问“尾款有多少”?客服答复,“109 999-999-9=尾款”,限量版只有线上销售,线下经销商处只有普通版销售的,活动就是抢购限量版订金。

同日下午,李某手机接收短信显示:验证码(略),您已成功订购全新特别版限量秒杀订金,有效期1个月;(风险提示)提供验证码即视为确认收货。

依据某网店提交的退款宝贝信息显示:申请时间当月月底23时59分,退款状态为退款申请成功,退款金额999元、9元,退款原因为系统自动过期退款。

一审法院认为,李某表示与某网店存在买卖合同关系,并要求该网店支付车价款109 999元。对此,《合同法》第一百三十条规定,买卖合同是出卖人转移标的物的所有权于买受人,买受人支付价款的合同。买卖合同的目的就是要移转标的物所有权。李某在某网店下单“全新特别版999元秒杀资格订金、全新特别版全球限量秒杀订金”,并支付价款,订单名称显示该款项性质为“资格订金、订金”而非货款或车价款。上述产品页面宣传信息均载明整车售价为109 999元,购车流程亦载明两次秒杀成功的客户须在月前至选定的汽车经销商处核销999元及9元订金并支付车辆尾款,诉讼中李某自认在两次下单前全文浏览了上述网页内容。李某作为完全民事行为能力人,在浏览网页全文后才下单,则李某对于上述网页所载内容应是知悉且认可的。李某提交的短信截屏显示为车辆999元秒杀资格订金、限量秒杀订金,上述内容与产品页面所载名称及宣传内容一致。客服人员明确告知“需在月底前到店完成核销,并支付整车尾款,并不是999+9元可以购买整车,尾款=109 999-999-9,活动就是抢购限量版订金”。网店对于订单信息显示节省费用的原因进行了解释,结合网络购物特点及现有网络技术手段等因素,该解释具有一定合理性。综合考量后应认定李某与某网店之间成立合同关系,李某在该合同项下享有的主要权利义务是通过支付999元价款获得与特定线下汽车经销商缔结涉案车辆买卖合同关系的机会。李某支付价款所“购买”的标的物并非车辆本身,李某需与汽车经销商形成车辆买卖合同关系并支付全部剩余车辆尾款才可获得请求买卖合同相对方交付车辆的权利。李某未在商品页面载明的期限前至某汽车公司完成有关核销手续,亦未交纳车辆尾款,且某网店已将收取的款项全额退还给李某,故对于李某要求支付车价款及公证费的诉讼请求,于法无据,法院不予支持。

一审法院判决：驳回李某的诉讼请求。

法院观点

本案的焦点问题在于李某是否已经购得涉案车辆的所有权。某网店将涉案秒杀活动信息在网络交易平台上予以公布，李某浏览网页信息后下单付款，双方之间成立合同关系。根据网络交易特点及交易习惯，应当综合考虑商品页、商品详情页、订单等页面所载内容，以及双方围绕该笔交易所发生的信息往来判断双方合同意思表示。

关于李某与某网店成立合同关系之标的争议，第一，某网店推出的涉案活动商品页面，在醒目位置用加黑标题显示商品名称是“全新特别版秒杀资格订金、秒杀订金”，该商品名称系“资格订金、订金”，而非车辆本身。第二，涉案商品详情页所载核销流程清晰明确了整个活动的流程，即秒杀成功收到短信验证码后，到选定经销商核销的是“999 元及 9 元订金”，此后支付“全新特别版车辆尾款”，此处“尾款”从字义理解应系特别版车辆本身的车价款尾款，而非车辆本身以外的手续费等款项。第三，李某在某网店下单“全新秒杀资格订金、全新特别版限量秒杀订金”，并支付价款共计 1008 元，订单载明该款项性质为“资格订金、订金”而非车价款或货款。李某提交的短信截屏亦载明成功订购的是“资格订金、订金”，该部分内容与商品网页所载商品名称及活动内容对应一致。第四，某网店针对订单信息后半部分显示优惠限量的原因进行了解释。李某付款后咨询客服人员，该客服人员亦在第一时间告知李某，“需在月底前到店完成核销，并支付尾款，并不是 999 +9 元可以购买整车，车辆尾款 =10 999 -999 -9 元，活动就是抢购限量版订金，线下经销商处只有普通版销售”。李某主张的某汽车公司员工曾向其表示，仅需交纳很少费用即可凭验证码提车的事实，并未提交相应证据予以证实，一审法院未予以采信李某的该项事实主张是正确的。前述某网店对订单显示优惠信息的解释与此次活动的网页信息所示活动内容，以及客服人员对李某的答复内容对应一致，一审法院综合考虑网络购物特点及现有网络技术手段等因素，认为该解释具有一定合理性并无不妥。因此，一审法院认定李某与某网店之间成立合同关系的标的并非车辆本身，而系与线下汽车经销商缔结车辆买卖合同关系的机会是正确的。李某未按照涉案活动网页信息所示，在约定期限内至线下经销商处核销订金并支付车辆尾款，该已付订金款额已于期限截止日退还李某。因此,李某上诉请求某网店赔偿其车价款损失及公证费损失,缺乏依据,法院不予支持。

法官说法

随着互联网的普及,网络购物的便捷性、自由性等特性使得网络购物成为人们消费生活的重要组成部分。原《合同法》第一百二十五条第一款规定,"当事人对合同条款的理解有争议的,应当按照合同所使用的词句、合同的有关条款、合同的目的、交易习惯以及诚实信用原则,确定该条款的真实意思"。在网络购物所形成的合同标的存在争议的情况下,要借助订单、产品网页信息,网络平台交易规则等综合判断,而非抽象孤立地参考部分订单记载的部分信息。消费者和商家是平等主体,发生争议后,应当从社会一般公众的角度去看待和理解本案所涉网页信息。上述案例涉及的限量版车辆对于普通消费者而言并非日常生活小件用品,作为普通消费者应当理性消费。李某本人自认通读了网页信息包括核销流程,商品页面加黑显示的标题显示商品是"资格订金、订金";产品网页记载的秒杀标的亦为资格订金,订单所记载的交易标的即订金;同时消费者收到短信显示的交易标的也是订金;网页所显示的购买流程,即两次秒杀资格后需要到线下门店去签署购车合同,并支付车辆尾款;网页中也并未明确具体车辆,而应去线下经销商处确定等;综合以上信息,李某即便对于其中部分订金的部分记载内容存疑,亦可通过通读整个产品的网页信息而明晰,李某购买的并非车辆本身,不能仅以支付的金额得到特定车辆。

提醒消费者在进行网络购物时应当仔细、全面地查看交易标的网页记载的具体内容,清晰了解交易流程和交易标的、价格等具体信息,如有疑惑之处,可与网店客服人员联系,网店客服人员的解答等均可以作为事后解决相关争议的参考材料。

相关法律规范

《民法典》

第一百四十二条第一款　有相对人的意思表示的解释,应当按照所使用的词句,结合相关条款、行为的性质和目的、习惯以及诚信原则,确定意思表示的含义。

第四百六十六条　当事人对合同条款的理解有争议的，应当依据本法第一百四十二条第一款的规定，确定争议条款的含义。

合同文本采用两种以上文字订立并约定具有同等效力的，对各文本使用的词句推定具有相同含义。各文本使用的词句不一致的，应当根据合同的相关条款、性质、目的以及诚信原则等予以解释。

（闫　慧撰写）

第八章　电子政务系统应用相关法律问题

一、电子系统与政府职权

关 键 词：电子政务　法定职责　权限设定

典型案例：电子政务时代下社会保险机关法定职责的审查与认定——王某诉北京市某区社会保险基金管理中心履行法定职责及北京市某区人民政府行政复议决定案

裁判要旨：电子政务时代，公平正义仍是数字革命下法院审判所追求的主核。行政机关设立网上电子服务平台的目的在于方便人民群众、提升行政效率。网上电子服务平台及电子系统设置的操作权限不能取代法律、法规对行政机关行政职权的授予，行政机关应当依据法律、法规、规章授予的职权调整服务平台的设置以便更好地服务群众，而不应当以平台操作权限限制为由排除自身职权的行使。

案情简介

王某自1997年开始在中国某学会工作，双方之间的劳动争议经两审终审确认双方自1997年9月1日起至2014年5月29日止存在劳动关系。自2013年起王某在某文学院工作，该院于2013年为王某办理首次参保手续，为王某在该院社会保险登记地某区社保中心建立社会保险账户。依据《人力资源和社会保障部关于城镇企业职工基本养老保险关系转移接续若干具体问题的意见》第四条第二款“男性年满50周岁和女性年满40周岁的人员，首次参保地为非户籍所在地的，参保地应为其建立临时基本养老保险缴费账户”，王某2013年首次办理参保手续时已超过40周岁，故某区社保中心为其建立“临时缴费账户”。后王某与中国某学会的劳动争议民事判决生效后，中国某学会为王某补缴1998

年7月至2013年2月的社会保险。

2018年2月9日，王某要求某区社保中心将其社会保险账户由“临时账户”变更为“一般账户”。2018年3月5日，某区社保中心复函，回复王某：依据《人力资源社会保障部关于城镇企业职工基本养老保险关系转移接续若干问题的通知》（人社部规〔2016〕5号）第三条第一款规定，参保人员在建立临时基本养老保险缴费账户地按照社会保险法规定，缴纳建立临时基本养老保险缴费账户前应缴未缴的养老保险费的，其临时基本养老保险缴费账户性质不予改变，故其临时基本养老保险缴费账户性质无法改变。

王某不服，向某区政府申请行政复议，请求某区政府纠正某区社保中心的错误行为，将其基本养老保险账户由“临时账户”变更为“一般账户”。

某区政府作出朝政复字〔2018〕231号《行政复议决定书》（以下简称《复议决定书》），认定王某的基本养老保险缴费账户系某区社保中心通过北京市社会保险网上服务平台录入，由系统自动识别生成的账户，该系统是由北京市社会保险经办机构依据相关法律开发研制，某区社保中心无权作出变更，其不具有变更账户性质的法定职责。故依据《行政复议法实施条例》第四十八条第一款第一项驳回王某的行政复议申请。

王某不服，诉至一审法院，请求法院：(1)依法撤销某区社保中心将王某社保账户认定为临时账户的复函并由某区社保中心将其基本养老保险账户由临时账户变更为一般账户；(2)依法撤销某区政府作出《复议决定书》。

法院观点

经审理，一审法院认为，判断行政主体是否具有相应行政职权，应以法律、法规、规章规定为据。根据《社会保险法》第八条规定，某区社保中心作为本行政区域内的社保经办机构，具有提供社会保险服务的法定职责。王某要求某区社保中心履行的职责属于参保人员社会保险服务的具体事项范畴，且该账户性质直接影响参保人员的个人权益，因此，该职权依法属于某区社保中心。尽管进入了信息化时代，许多行政机关推行电子政务，但信息操作系统权限的设置、分配不能取代法律、法规层面对行政职权的授予，更不能以无系统操作权限为由放弃法律、法规规定的职责，司法审查亦不能以此作为判断行政职权归属的标准。因此，某区社保中心、某区政府的主张不能成立，某区社保中心具有变更基本养老保险缴费账户性质的法定职责。一审法院判决:(1)驳回王某要求撤销某区社保中心于2018年3月5日作出的《关于账户修改问题的复函》及将其社会保险账户由临时账户变更为一般账户的诉讼请求;(2)撤销某区政府于2018年9月7日作出的《复议决定书》。宣判后,王某不服一审判决,提出上诉。

二审法院审理认为,关于某区社保中心是否具有王某诉请的变更基本养老保险缴费账户性质的职责的问题,本院同意一审法院的认定。行政机关设立网上电子服务平台的目的在于便利人民群众、提升行政效率。行政机关职权的认定仍应以法律、法规、规章规定为据,网上电子服务平台及电子系统设置的操作权限不能取代法律、法规层面对行政职权的授予,行政机关应当依据法律、法规、规章授予的职权调整服务平台的设置以便更好地服务群众,而不应当以平台操作权限限制为由排除自身职权的行使。因此,某区政府以某区社保中心不具有相应职责为由作出的驳回王某复议申请的决定,缺乏事实及法律依据,一审法院对此予以撤销并无不当。二审判决:驳回上诉,维持原判。

法官说法

数字是21世纪的石油。现代信息技术正在塑造着新型的政务服务方式,行政机关加速开启了大规模云端办公模式。现阶段,政务服务数字化已成常态:截至2023年12月,全国在线政务服务用户规模达9.73亿人,较2022年12月增长4701万人,占网民整体的89.1%,各级政务服务平台实名注册用户占网民整体的比例由2017年的13.9%提升至接近90%。[①] 目前,云端已成为创新政府管理和优化政务服务的新渠道。网络化信息化智能化驱动着行政机关电子化行政办公,OA流程化受理、招投标、受理政府信息公开申请、审批、签章等行政事项网上办理,政府信息公开、行政许可、行政处罚、政府采纳等多领域已广泛运用了电子行政行为。

一、电子政务时代行政机关职权认定的标准是什么

电子政务时代,公平正义仍是数字革命下法院审判所追求的主核。

---

① 第53次《中国互联网络发展状况统计报告》,载https://view.officeapps.live.com/op/view.aspx?src=https%3A%2Fwww.cnnic.net.cn%2FNMediaFile%2F2024%2F0325%2FMAIN17113552966128 6T53BEFNT.docx&wdorigin=BROWSELINK,2024年6月5日访问。

法治政府建设是全面依法治国的重点任务和主体工程，要加快构建职责明确、依法行政的政府治理体系，用法治为行政权力划界限、定规矩，使政府各项权力运行规范化、制度化、程序化，切实规范政府行为，保障相对人合法权利。[①]职权法定原则仍是行政机关职权认定的核心标准与关键，职权法定原则是依法行政原则的核心，是依法行政的核心、法治国家的灵魂。职权法定，就是指行政机关的职权和行为方式都必须由法律作出明确的规定，即行政机关的创设和权力来源于法律。行政机关在行使权力时，首先应当看法律有无规定，法律是否允许，即使有行使权力的法律依据，还必须按法律所设定的权力范围和要求去行使。从行政权来说，权力法定原则具体表现为行政职权法定原则，其基本含义是任何行政职权的来源与作用都必须具有明确的法定依据，越权无效，要受到法律追究、承担法律责任。[②] 广义的职权法定原则不仅针对行政作为，还针对行政不作为，即"法无授权不可为，法有授权必须为"，即"政府行政权的取得必须依据法律，政府行政权的行使必须合乎法律，违法行政应承担相应的法律责任"。

习近平总书记在第十五次中央政治局集体学习时强调"各级政府一定要严格依法行政，切实履行职责，该管的事一定要管好、管到位，该放的权一定要放足、放到位，坚决克服政府职能错位、越位、缺位现象"。党的二十大报告提出，扎实推进依法行政。法治政府建设是全面依法治国的重点任务和主体工程。转变政府职能，优化政府职责体系和组织结构，推进机构、职能、权限、程序、责任法定化，提高行政效率和公信力。

二、因电子系统权限受限而无法履行法定职责的行政行为应如何认定

接近正义是司法的本质特征。技术是工具，效率是目标，正义才是根本。

职权法定是依法行政的基本要求，在行政诉讼中，司法实体审查中的第一个要件仍是行政职权。依法行政的要求之一即为"法律优先"，法律已经规定的事项，行政机关不能违反。在行政立法方面，行政机关的任何规定和决定都不得与法律相抵触，行政机关不得作出不符合现行法律的规定和决定；在行政执

① 参见马怀德：《在法治轨道上全面建设社会主义现代化国家》，载《中国高校社会科学》2022年第6期。

② 参见周佑勇：《行政法基本原则研究》，武汉大学2002年博士学位论文。

法方面，行政机关有义务积极执行和实施现行有效法律规定的行政义务，行政机关不积极履行法定作为义务的，将构成违法。在司法审查方面，判断行政主体是否具有相应行政职权，仍应以法律、法规、规章规定为依据。

具体到本案，《社会保险法》第八条规定，社会保险经办机构提供社会保险服务，负责社会保险登记、个人权益记录、社会保险待遇支付等工作。因此，某区社保中心作为本行政区域内的社会保险经办机构，具有提供社会保险服务的法定职责。本案中，某区政府以某区社保中心不具有相应职责为由作出的驳回王某复议申请决定，缺乏事实及法律依据。实践中，还有的行政机关以操作系统存在某项业务操作设置模块缺失为由拒绝履行职权，还有的以无具体经办人密钥、口令等为由拖延履行职权，这些理由均不被法院认同。电子政务发展中的瓶颈与问题不能成为突破职权法定原则的借口。

“法无授权不可为”是依法行政的基本要求。电子政务时代，行政机关需要依法依规开展工作。行政机关工作方法的创新必须建立在合法基础之上，并站在人民群众的立场上考虑问题。行政机关设立网上电子服务平台的目的在于方便人民群众、提升行政效率。网上电子服务平台及电子系统设置的操作权限不能取代法律、法规层面对行政职权的授予，行政机关应当依据法律、法规、规章赋予的职权调整服务平台的设置以便更好地服务群众，而不应当以平台操作权限限制为由排除自身职权的行使。技术创新不能仅仅为了政府工作人员在管理上方便，技术创新也不能背离了法定的授权，技术创新更不能成为规避履行法定职责的理由。

三、电子系统服务于数字法治政府中应当注意哪些问题

于行政机关而言，法无授权即禁止；于公民个人而言，法无禁止即自由。《法治政府建设实施纲要（2021—2025 年）》明确提出“全面建设数字法治政府”，要求“着力实现政府治理信息化与法治化深度融合”。因此，对于行政机关，行政效率的提高须在现行法律的框架内进行。电子系统的应用应当服务于行政机关职权的依法行使，既不能制约与阻碍依法行政、依法履职，又不能以依法履职为由放弃电子政务系统的应用与创新，更不能因此拒绝更新、完善电子政务系统。

一是将电子政务平台与规范执法行为相结合。依法执法理念不能因手段的局限性而动摇，服务人民的宗旨不能因具体执法人员的权限范围而改变。应

当摒弃“只见自身技术设置,忽视法定权限规范”的观念,同时要加大学习和培训力度,不断增强基层一线执法人员的法律素养和法治意识,让依法行政的理念深入根植于执法人员内心,树立合法合理合规的履职意识。

二是将电子政务平台建设与提高依法行政水平结合。进一步梳理各级行政机关的权力清单和负面清单,有效界定职权边界,逐步加强依法执政理念,减少拖延推诿的现象。围绕民生领域这一政府治理和公共服务的重点,充分利用“互联网+”、虚拟现实、大数据等手段,完善电子政务平台,促进政务服务便民化,信息公开更为及时,逐步加强政府与民众良性互动,进一步推动法治政府、服务型政府建设。

三是坚持在法治轨道上实现电子政务的良性运行。改善条块分割的管理体制,消除信息孤岛,消除技术障碍,提升政府办公效率。加快构建一体化在线政务平台,整合各级政府部门、同一政府机关分散的审批服务入口与数据平台、[1]支撑无差别和全系统内的“一网通办”,打破行政机关之间的数据信息孤岛与技术壁垒。行政机关应坚持以法律法规为纲,创设与法契合的电子政务系统;要坚持听取群众、立法机关、司法机关意见,适时调整电子政务对外平台的设置,避免二者之间的不对应给执法实践带来困难。

相关法律规范

《社会保险法》

第八条　社会保险经办机构提供社会保险服务,负责社会保险登记、个人权益记录、社会保险待遇支付等工作。

《最高人民法院关于适用〈中华人民共和国行政诉讼法〉的解释》(法释〔2018〕1号)

第一百三十六条　人民法院对原行政行为作出判决的同时,应当对复议决定一并作出相应判决。

人民法院依职权追加作出原行政行为的行政机关或者复议机关为共同被告的,对原行政行为或者复议决定可以作出相应判决。

人民法院判决撤销原行政行为和复议决定的,可以判决作出原行政行为的

① 参见宋华琳:《电子政务背景下行政许可程序的革新》,载《当代法学》2020年第1期。

行政机关重新作出行政行为。

人民法院判决作出原行政行为的行政机关履行法定职责或者给付义务的，应当同时判决撤销复议决定。

原行政行为合法、复议决定违法的，人民法院可以判决撤销复议决定或者确认复议决定违法，同时判决驳回原告针对原行政行为的诉讼请求。

原行政行为被撤销、确认违法或者无效，给原告造成损失的，应当由作出原行政行为的行政机关承担赔偿责任；因复议决定加重损害的，由复议机关对加重部分承担赔偿责任。

原行政行为不符合复议或者诉讼受案范围等受理条件，复议机关作出维持决定的，人民法院应当裁定一并驳回对原行政行为和复议决定的起诉。

《行政复议法》（2023 年修订）

第三十三条　行政复议机关受理行政复议申请后，发现该行政复议申请不符合本法第三十条第一款规定的，应当决定驳回申请并说明理由。

第三十五条　公民、法人或者其他组织依法提出行政复议申请，行政复议机关无正当理由不予受理、驳回申请或者受理后超过行政复议期限不作答复的，申请人有权向上级行政机关反映，上级行政机关应当责令其纠正；必要时，上级行政复议机关可以直接受理。

第六十九条　行政复议机关受理申请人认为被申请人不履行法定职责的行政复议申请后，发现被申请人没有相应法定职责或者在受理前已经履行法定职责的，决定驳回申请人的行政复议请求。

《行政诉讼法》

第四十七条　公民、法人或者其他组织申请行政机关履行保护其人身权、财产权等合法权益的法定职责，行政机关在接到申请之日起两个月内不履行的，公民、法人或者其他组织可以向人民法院提起诉讼。法律、法规对行政机关履行职责的期限另有规定的，从其规定。

公民、法人或者其他组织在紧急情况下请求行政机关履行保护其人身权、财产权等合法权益的法定职责，行政机关不履行的，提起诉讼不受前款规定期限的限制。

（陈金涛撰写）

二、电子身份认证与实体审查

关 键 词:人脸识别 虚假材料 效力认定 工商登记

典型案例:数字化行政管理中虚假登记的审查标准——王某某诉北京市某区市场监督管理局工商登记案

裁判要旨:现阶段人脸识别技术尚未发展成熟,登记机关应当实质核验申请人身份的真实性。司法审查中亦应坚持实质审查标准,在当事人提供充分证据证明提交申请登记的材料存在虚假时,应对登记行为予以纠错,从源头化解纠纷。

案情简介

2018年8月15日,原北京市工商行政管理局某区分局(以下简称原某区工商分局)受理某有限公司的变更登记申请后,经审查于当日作出《准予变更登记通知书》,将该公司的法定代表人由俞某变更登记为王某某。

王某某主张,2020年3月中旬,其发现自己无法购买高铁车票,后在中国执行信息公开网中查询到,系因其作为某有限公司的法定代表人而被限制高消费;其查询某有限公司的工商公示信息发现,其在2018年8月15日被登记为该公司的法定代表人、执行董事和经理,但其对上述情况并不知情。故王某某向法院提起诉讼,主张变更登记系他人冒名所为,其本人毫不知情,请求法院判决撤销原某区工商分局于2018年8月15日作出的将王某某变更为某有限公司法定代表人的登记行为。

一审法院公开开庭审理了本案,第三人俞某、某有限公司经一审法院依法传唤,未到庭参加诉讼。一审审理过程中,王某某向一审法院提出鉴定申请,要求对被诉变更登记行为依据的登记材料中第6页郑重承诺、第14页《某有限公司章程》中"王某某"字样的签字进行鉴定。2021年6月10日,该鉴定中心作出《司法鉴定意见书》,鉴定意见为上述检材上王某某签名字迹与样本上"王某某"签名字迹不是出自同一人的笔迹。一审法院另查,王某某于2018年8月9日,在公司登记实名认证系统中手持本人身份证进行身份信息确认,并上传了本人照片和正在使用中的身份证正反面复印件。原某区工商分局于2018年8月15日审核通过了王某某的身份信息。

一审法院审理认为，依据《公司登记管理条例》的相关规定，申请文件、材料齐全，符合法定形式的，公司登记机关应当决定予以受理，对申请人到公司登记机关提出的申请予以受理的，应当当场作出准予登记的决定。本案中，北京市原某区工商分局提交的证据能够证明其依据条例的规定收取材料，并结合材料的齐备性、合规性和王某某实名认证的情况，作出被诉准予变更登记决定，该决定具有相应的事实和法律根据。王某某虽然主张其系被公司欺骗进行的身份信息认证，并非为了进行涉案变更登记，但其补充提供的照片以及在庭审中向法院的说明无法证明该主张，作为具有完全民事行为能力的主体，王某某应当对其进行实名认证的法律效果具有相应认知，故一审法院对王某某的上述主张无法予以采信。由于王某某无法就其于2018年8月9日在公司登记实名认证系统中所做认证作出合理解释，且该认证的提出时间又与被诉变更登记的提出时间非常接近，登记材料中签字的真伪并不能否定上述实名认证行为的法律效果，故一审法院对王某某的诉讼请求不予支持，判决驳回王某某的全部诉讼请求。判决后，王某某不服一审判决，提出上诉。

二审法院经查，一审中依王某某申请所作笔迹鉴定显示变更登记申请材料中"王某某"签名确非其本人所签。王某某在得知被诉登记行为后即积极主张权利，亦明确否认参与过该公司经营或与该公司有业务往来。此外，本案亦无任何一方当事人提交关于王某某曾从事过该公司的相关管理和经营活动方面的证据材料。

法院观点

本案当事人对被诉行政机关的职权依据与行政程序并无争议，因此，根据案件事实和当事人陈述，本案的审理重点在于如何认定公司登记实名认证系统中所作认证行为的法律性质和效力问题。

从法律规范层面看，按照《公司登记管理条例》（已失效）第二十七条中的规定，公司申请变更登记，应当向公司登记机关提交下列文件：（1）公司法定代表人签署的变更登记申请书；（2）依照《公司法》作出的变更决议或者决定；（3）原国家工商行政管理总局规定要求提交的其他文件。可见，实名认证并非变更登记法定代表人的法定要件之一。登记机关的核验义务并不能因“人脸识别”实名认证而免除。从实际操作层面看,公司登记实名认证系统进行实名认证的页面上未有办理业务种类的相关提示,现有证据亦不能证实该系统中的实名认证与后续的办理登记行为存在一一对应的唯一性关系,且人脸图像的拍摄可由他人协助完成,并非必须本人亲自拍摄,亦即当时的身份识别技术仍不能完全避免他人冒名登记的行为。具体到本案,尽管信息采集系统截屏能够证明“王某某”账号于 2018 年 8 月 9 日在公司登记实名认证系统中完成了身份信息确认,但不能排除冒名登记的可能性。王某某亦主张从未委托或者同意他人使用照片进行过身份确认。结合以上分析,案涉实名认证行为与真实意思表示的因果关联不能成立,一审法院赋予实名认证行为相关法律效力不具有法律和事实依据。

参考《最高人民法院关于审理公司登记行政案件若干问题的座谈会纪要》第一条第二款的要求,公司法定代表人、股东等以申请材料不是其本人签字或者盖章为由,请求确认登记行为违法或者撤销登记行为的,人民法院原则上应按照本条第一款规定处理,但能够证明原告此前已明知该情况却未提出异议,并在此基础上从事过相关管理和经营活动的,人民法院对原告的诉讼请求一般不予支持。本案中,王某某主张其得知被诉登记行为后即积极主张权利,亦明确否认参与过该公司经营或与该公司有业务往来。此外,本案亦无任何一方当事人提交关于王某某曾从事过该公司的相关管理和经营活动方面的证据材料。

根据《公司登记管理条例》(已失效)第二条的规定,申请办理公司登记,申请人应当对申请文件、材料的真实性负责。本案中,原某区工商分局对王某某的变更登记申请材料是否齐全、是否符合法定形式进行了审查,已经尽到了法定的审查职责。鉴于笔迹鉴定显示“王某某”字迹并非本人所签,王某某亦不认可其曾向原某区工商分局提出过相应变更登记申请,亦无证据证明王某某存在明知该登记情况却未提出异议且在此基础上参与该公司经营或与该公司有业务往来的情况,因此,二审法院认为,被诉登记行为所依据的申请材料存在不真实的情况,对于王某某要求撤销将其登记为某有限公司法定代表人的诉请事项应当予以支持。

综上,王某某的上诉请求成立,依法应予支持,故判决:(1)撤销一审行政判决;(2)撤销原某区工商分局于2018年8月15日作出的将王某某变更为某有限公司法定代表人的登记行为。

法官说法

随着数字化技术的快速发展,人脸识别、电子签名等电子身份认证方式被作为新型技术手段广泛应用于行政管理领域,也为人们普遍熟悉和运用。在工商登记领域,人脸识别技术作为一种新型技术,对提高身份认证效率,防止冒用身份或利用虚假身份骗取登记注册,进一步优化法治化营商环境、加强数字政府建设具有一定的积极意义。但在引入人脸识别技术后,仍涌现出大量的虚假登记行政案件,这表明,人脸识别技术现阶段尚无法杜绝虚假登记行为的发生,侵犯公民合法权益的情况仍时有发生。司法审查中对如何认定电子身份认证的法律效力存在截然不同的认识。因此,加强问题探究,对完善行政执法、统一司法裁判尺度尤为必要。

一、电子签名等电子身份认证手段的法律效力

电子签名是相对传统纸质签名,记载于电子信息媒介的用以表明签名人身份及认可其中内容的数据。在符合"可靠性"标准的前提下,电子签名与手写签名或者盖章具有同等的法律效力,那么"可靠性"标准的具体内容是什么呢?《电子签名法》第十三条规定,电子签名同时符合下列条件的,视为可靠的电子签名:(1)电子签名制作数据用于电子签名时,属于电子签名人专有;(2)签署时电子签名制作数据仅由电子签名人控制;(3)签署后对电子签名的任何改动能够被发现;(4)签署后对数据电文内容和形式的任何改动能够被发现。当事人也可以选择使用符合其约定的可靠条件的电子签名。

因此,除双方意定标准的电子签名外,符合法定标准的电子签名需要满足《电子签名法》第十三条规定的"四要件"。此外,又有人将可靠的电子签名进一步精简归纳为同时符合三个必要条件:身份可信、签名可信、篡改可见。身份可信是指签名用户身份信息可信,且无法否认;签名可信是指签名用户身份可信,是真实意愿的呈现;篡改可见是指电子合同(包括电子签名)一旦被篡改,即时可发现。

为了保证"电子签名制作数据用于电子签名时,属于电子签名人专有",实践中最为广泛的方法是通过电子认证服务机构(CA认证机构)规范和保障电

子签名的制作过程。理论上说,电子签名制作数据属于签名人专有(如银行U盾或类似数字证书),系经过实名认证后由CA认证机构颁发,法院本可借此初步认定涉案签字签名系可靠的电子签名;但在审理实务中发现,经过电子认证的电子签名制作数据在管理和使用中仍然漏洞百出,电子签名被盗用或未经授权使用电子数据的现象层出不穷,导致作为电子签名可靠性“四要件”中的第一项、第二项往往难以成就。在电子签名制作数据丢失、失密的情况下,无法满足电子签名制作数据属于电子签名人专有和签署时电子签名制作数据仅由电子签名人控制的条件。

对于电子签名的审查认定,最高人民法院先后出台了司法解释,其中《最高人民法院关于互联网法院审理案件若干问题的规定》第十一条第二款明确指出,当事人提交的电子数据,通过电子签名、可信时间戳、哈希值校验、区块链等证据收集、固定和防篡改的技术手段或者通过电子取证存证平台认证,能够证明其真实性的,互联网法院应当确认。《人民法院在线诉讼规则》第三十三条规定,适用在线诉讼的案件,各方诉讼主体可以通过在线确认、电子签章等方式,确认和签收调解协议、笔录、电子送达凭证及其他诉讼材料。《最高人民法院关于民事诉讼证据的若干规定》(2019年修正)第九十三条亦对包括电子签名在内的电子数据的真实性审查内容,明确了综合判断的因素。

二、电子身份认证能否替代实质审核

有观点认为,以人脸识别为代表的电子身份认证,本身就是行政机关为打击、防范冒名登记、虚假登记而专门设置的技术手段;能有效确认申请人办理登记行为的真实意思,如果申请人不配合,相关变更申请就无法提交;因此与传统的人工审核、笔迹鉴定相比,人脸识别效果更加精准,可以完全代表当事人的真实意思表示;当事人只要通过了人脸识别,即应当视为其对后续完成的登记行为及登记结果知情并承担后果。那么,在涉虚假材料类工商登记行政案件审理中,电子身份认证能否完全取代实质审查呢?我们认为,电子身份认证仍不能当然地单独作为案件事实认定的唯一证据。

按照《最高人民法院关于审理公司登记行政案件若干问题的座谈会纪要》第一条第二款的相关要求,针对工商登记行为撤销之诉或确认违法之诉的审查,仍要符合登记行为所依托的基础法律关系,从两方面具体考察申请材料的真实性:一是当事人主观上是否知情而未提出异议;二是客观上当事人与涉案公司是否存在管理或经营上的联系。

实践中，为了促进市场交易，提高工商登记的效率，工商部门一般不会启动实质审查，仅对申请材料是否齐全、是否符合法定形式进行审查。但登记机关对申请人身份的核验义务不因数字化技术的引入而得以免除，亦不能将对申请人身份信息的审查义务完全转嫁给电子身份认证系统。现阶段人脸识别技术尚未发展成熟，即使实名验证，亦有可能造假，从而侵犯公民合法权益。在当事人提供充分证据证明相关主体提交的申请登记的材料存在虚假的情况下，司法审查中应当按照实质审查标准及时纠错，从源头化解纠纷。

本案中，涉案的人脸识别操作是登录识别而非办理某次业务的识别，进行人脸识别时没有相关的办理业务操作提示，仅有建议由他人操作以便迅速完成人脸识别的提示，因而人脸识别的完成过程极其短暂，几秒可结束，人脸识别与后续办理登记之间并不能确定存在唯一的关联性。鉴于人脸识别技术仍存在局限性，技术仍处于研究发展阶段，亦引发了不少个案争议。因此，人脸识别仍只能被视为是判断真实意思表示的加强性、辅助性证据，并非唯一或核心证据。在此情况下，仍要回归前述的两方面因素审查判断申请材料的真实性。虽然王某某已在登记注册身份验证 App 完成实名验证并通过查验，但笔迹鉴定显示“王某某”字迹并非本人所签，王某某亦不认可曾向某区市监局提出过相应变更登记申请，亦无证据证明王某某存在明知该登记情况却未提出异议且在此基础上参与该公司经营或与该公司有业务往来的情况，故案涉变更登记行为所依据的申请材料存在不真实的情况。

结语

归根到底，电子身份认证的核心标准是认证行为系当事人自身独立意思表示，不能简单地推定认证行为与真实意思表示的因果关联当然成立。无论是人脸识别还是电子签名，电子身份认证技术手段只能增强行为的可靠性，无法保证绝对真实性，司法审查中法院应结合在案证据探明申请材料的真实性，而不应仅以技术结论替代法律要件的实质审查，陷入唯技术论的误区。行政机关亦应当根据实践中暴露的技术漏洞，及时更新完善人脸识别、电子签名等电子身份认证技术（如设置人脸识别只能以自拍方式完成、在业务办理环节增加办理业务种类的文字提示，在业务完成前增设最终识别确认环节等），不断促进技术迭代升级，实现提升行政效率与加强当事人合法权益保护的有机结合，从源头避免纠纷的产生。

相关法律规范

《市场主体登记管理条例》

第三条　市场主体应当依照本条例办理登记。未经登记,不得以市场主体名义从事经营活动。法律、行政法规规定无需办理登记的除外。

市场主体登记包括设立登记、变更登记和注销登记。

第十六条第一款　申请办理市场主体登记,应当提交下列材料:

(一)申请书;

(二)申请人资格文件、自然人身份证明;

(三)住所或者主要经营场所相关文件;

(四)公司、非公司企业法人、农民专业合作社(联合社)章程或者合伙企业合伙协议;

(五)法律、行政法规和国务院市场监督管理部门规定提交的其他材料。

第十七条　　申请人应当对提交材料的真实性、合法性和有效性负责。

《市场主体登记管理条例实施细则》

第二十二条第一款　法律、行政法规或者国务院决定规定市场主体申请登记、备案事项前需要审批的,在办理登记、备案时,应当在有效期内提交有关批准文件或者许可证书。有关批准文件或者许可证书未规定有效期限,自批准之日起超过90日的,申请人应当报审批机关确认其效力或者另行报批。

第三十二条　申请办理变更登记,应当提交申请书,并根据市场主体类型及具体变更事项分别提交下列材料:

(一)公司变更事项涉及章程修改的,应当提交修改后的章程或者章程修正案;需要对修改章程作出决议决定的,还应当提交相关决议决定……

《最高人民法院关于审理公司登记行政案件若干问题的座谈会纪要》

一、以虚假材料获取公司登记的问题

因申请人隐瞒有关情况或者提供虚假材料导致登记错误的,登记机关可以在诉讼中依法予以更正。登记机关依法予以更正且在登记时已尽到审慎审查义务,原告不申请撤诉的,人民法院应当驳回其诉讼请求。原告对错误登记无过错的,应当退还其预交的案件受理费。登记机关拒不更正的,人民法院可以根据具体情况判决撤销登记行为、确认登记行为违法或者判决登记机关履行更正职责。

公司法定代表人、股东等以申请材料不是其本人签字或者盖章为由，请求确认登记行为违法或者撤销登记行为的，人民法院原则上应按照本条第一款规定处理，但能够证明原告此前已明知该情况却未提出异议，并在此基础上从事过相关管理和经营活动的，人民法院对原告的诉讼请求一般不予支持。

《电子签名法》

第二条　本法所称电子签名，是指数据电文中以电子形式所含、所附用于识别签名人身份并表明签名人认可其中内容的数据。

本法所称数据电文，是指以电子、光学、磁或者类似手段生成、发送、接收或者储存的信息。

第十三条　电子签名同时符合下列条件的，视为可靠的电子签名：

（一）电子签名制作数据用于电子签名时，属于电子签名人专有；

（二）签署时电子签名制作数据仅由电子签名人控制；

（三）签署后对电子签名的任何改动能够被发现；

（四）签署后对数据电文内容和形式的任何改动能够被发现。

当事人也可以选择使用符合其约定的可靠条件的电子签名。

第十四条　可靠的电子签名与手写签名或者盖章具有同等的法律效力。

《最高人民法院关于民事诉讼证据的若干规定》（2019年修正）

第九十三条　人民法院对于电子数据的真实性，应当结合下列因素综合判断：

（一）电子数据的生成、存储、传输所依赖的计算机系统的硬件、软件环境是否完整、可靠；

（二）电子数据的生成、存储、传输所依赖的计算机系统的硬件、软件环境是否处于正常运行状态，或者不处于正常运行状态时对电子数据的生成、存储、传输是否有影响；

（三）电子数据的生成、存储、传输所依赖的计算机系统的硬件、软件环境是否具备有效的防止出错的监测、核查手段；

（四）电子数据是否被完整地保存、传输、提取，保存、传输、提取的方法是否可靠；

（五）电子数据是否在正常的往来活动中形成和存储；

（六）保存、传输、提取电子数据的主体是否适当；

（七）影响电子数据完整性和可靠性的其他因素。

人民法院认为有必要的，可以通过鉴定或者勘验等方法，审查判断电子数据的真实性。

《人民法院在线诉讼规则》

第三十三条　适用在线诉讼的案件，各方诉讼主体可以通过在线确认、电子签章等方式，确认和签收调解协议、笔录、电子送达凭证及其他诉讼材料。

（饶亚东　陈金涛　林淡萍撰写）

第九章　数据安全犯罪行为相关法律问题

一、非法修改并消费网络商城积分的刑事责任

关 键 词： 网络商城积分　非法修改计算机信息系统数据　破坏计算机信息系统罪

典型案例： 谢某等利用系统漏洞非法修改系统数据获利案

裁判要旨： 随着现代科技革新发展，现实社会与网络空间的相互交织日益加深，计算机网络犯罪呈现出涉及领域多、手段更新快、危害扩散广等特征，紧密立足刑法规定准确定罪量刑是精准打击计算机网络犯罪的关键所在。本案被告人利用系统漏洞，通过第三方软件非法修改系统数据以获取数十万礼品券并消费，给涉案公司造成的包括经济损失在内的相关后果确属严重，应以破坏计算机信息系统罪定罪处罚。

案情简介

被告人谢某伙同张某、邢某（另案处理）于 2018 年 4 月 5 日，利用北京某企业管理有限公司的系统漏洞，通过第三方软件非法修改网络商城的系统数据，虚增 70 余万积分形式的礼品券并消费，后从该商城非法取得包括烤箱等电器在内的大量商品。

被告人谢某于 2019 年 1 月 25 日在河北省某市被民警抓获归案。案发后，张某的家属已代为退赔北京某企业管理有限公司经济损失共计人民币 50 万元。

一审法院审理认为，被告人谢某伙同他人，违反国家规定，对计算机信息系统中存储、处理的数据进行修改，后果严重，其行为已触犯刑法，构成破坏计算机信息系统罪，依法应予惩处。在共同犯罪中，被告人谢某具体利用第三方软件从事修改系统数据的行为，系犯罪的直接实施者，为主犯，但其在犯罪活动中

实际获利相对较少，在量刑时酌情予以考虑。被告人谢某到案后如实供述主要犯罪事实，当庭自愿认罪，依法可以从轻处罚，涉案公司的经济损失已获赔且该公司向同案人员出具了谅解书，在量刑时亦对被告人谢某酌情予以从轻考虑。故一审法院判决：被告人谢某犯破坏计算机信息系统罪，判处有期徒刑2年6个月。

宣判后，被告人谢某不服，提出上诉。在二审审理过程中，上诉人谢某表示服从原判，并申请撤回上诉。二审法院裁定准许上诉人谢某撤回上诉。

法院观点

本案争议焦点为被告人谢某的行为定性问题，即谢某是构成侵犯财产犯罪还是危害计算机信息系统安全犯罪。

本案中，公诉机关指控被告人谢某伙同张某、邢某（二人已另案处理）于2018年4月5日，利用北京某企业管理有限公司网络商城系统漏洞，通过盗刷礼品券的方式，在该平台窃取红酒等商品共计70余万元，其中既遂金额为人民币14余万元，未遂金额为人民币58余万元。公诉机关认为被告人谢某的行为触犯了《刑法》第二百六十四条之规定，构成盗窃罪。

经法院审理查明，对于涉案公司损失的商品的价值，目前在案证据仅有涉案公司自行出具的物品清单标注了相应的数量和价格，并无其他证据予以印证，且该清单反映的价格与其他网络商城的同类商品的价格差异较大，涉案网络商城的礼品券系以积分形式存在，赃物亦未起获，故无法认定涉案商品的具体价值，即指控的犯罪金额无法证实。但同时，在案证据足以证实，被告人谢某等人利用系统漏洞，通过第三方软件非法修改系统数据以获取数十万礼品券并消费，从涉案公司经营的网络商城非法取得了包括烤箱等日常生活使用的高价值电器产品在内的大量商品，给涉案公司造成的包括经济损失在内的相关后果确属严重，符合《最高人民法院、最高人民检察院关于办理危害计算机信息系统安全刑事案件应用法律若干问题的解释》第四条第一款规定的破坏计算机信息系统数据，具有“造成其他严重后果的”情形，应以破坏计算机信息系统罪定罪处罚。

法官说法

随着大数据、云计算、物联网等一系列科学技术的革新发展，现实社会与网络空间的联系日益加深。在刑事犯罪领域，针对计算机信息系统的“技术性犯罪”越发呈现出辐射性强、隐匿性高、危害性广的特征，同时盗窃、诈骗、敲诈勒索等传统侵犯财产型犯罪的网络异化程度迅速提升，利用计算机和网络实施侵犯财产型犯罪行为在实践中日益频发。该类犯罪同时侵害了被害人的信息安全和经济利益，行为性质往往存在争议。比如在现实生活中，各种 App、小程序提供了丰富的“网购”平台，商家为谋取竞争优势，往往推出积分抵扣、节日优惠券等各类返利活动。越来越多的不法分子瞄准这一“机会”，通过非法技术手段修改商城积分数据，并利用虚增的积分进行消费，本案采取的就是这种“非法利用计算机窃取财物”的犯罪模式。

本案中，被告人谢某伙同他人，通过第三方软件非法修改他人网络商城的系统数据，虚增积分形式的礼品券，并使用该礼品券在网络商城中购买商品，其手段行为是破坏计算机信息系统，目的行为是窃取他人财物，犯罪行为具有侵犯计算机信息系统安全和他人财产所有权的双重特征。本文立足本案事实和证据，结合相关法律规定，对本案的定性问题进行重点论述，同时总结“非法利用计算机窃取财物”类犯罪的认定规则。

一、利用计算机网络非法牟利的行为模式是什么

根据网络发展的代际变迁，计算机网络犯罪从以计算机网络为“犯罪对象”逐步演变为以计算机网络为“犯罪工具”乃至“犯罪空间”。早期计算机网络犯罪主要体现为个人与系统之间的“冲突”，出现大量的所谓“黑客、骇客”，出于“个人挑战”等动机，故意入侵、破坏计算机信息系统。而随着互联网的发展，“人机互动”向“人人互动”转变，网民之间“点对点”的互动交流为传统犯罪的网络异化提供了技术支持，越来越多的涉财犯罪借助网络平台得以扩展，计算机网络犯罪也发生了由技术型犯罪到侵财型犯罪的转向。

利用计算机网络非法牟利的犯罪以获取利益为最终目的，但行为人为牟取利益而采取的具体行为存在不同，从刑事犯罪的角度分析，在行为定性方面也就有所区别。第一种行为模式是行为人借助非法入侵、破坏计算机信息系统或非法获取计算机信息系统数据等行为取得“报酬”，但并未直接以财产利益为犯

罪对象，换言之，犯罪行为主要侵害的法益是计算机信息系统的安全。实践中常发的计算机信息系统攻击行为多样，包括流量攻击、应用漏洞攻击、流量劫持、钓鱼攻击等。如最高人民法院第102号指导案例中涉及的“DNS劫持型流量劫持”行为，犯罪模式通常是行为人使用恶意代码修改互联网用户路由器的DNS设置，使用户访问网站时自动跳转至固定网站，从而通过“贩卖流量”取得利益。在该种模式下，流量不能直接被评价为财产利益，也不存在其他财产损失，行为人侵害的法益是计算机系统和数据安全，行为性质为侵犯计算机信息系统安全犯罪。第二种行为模式是行为人通过修改计算机信息系统数据，侵犯他人财产权利而获取利益。换言之，犯罪行为同时侵害了计算机信息系统的安全和他人财产权。在该种模式下，行为人或是通过修改计算机信息系统数据等行为直接侵犯网络中具有财产价值的利益，如窃取虚拟货币等；或是借助修改计算机信息系统数据，窃取、骗取、敲诈勒索他人财物，行为具有侵犯计算机信息系统安全和他人财产权的双重违法性，在罪名和罪数的认定上比较复杂，本案被告人采取的就是借助非法修改计算机信息系统数据窃取他人财物的行为模式。

二、本案为何不构成盗窃罪

非法利用计算机侵犯财产行为如何定性，是本案的争议焦点。针对这一问题，《刑法》第二百八十七条规定：“利用计算机实施金融诈骗、盗窃、贪污、挪用公款、窃取国家秘密或者其他犯罪的，依照本法有关规定定罪处罚。”《全国人民代表大会常务委员会关于维护互联网安全的决定》第四条亦规定，利用互联网进行盗窃、诈骗、敲诈勒索，构成犯罪的，依照刑法有关规定追究刑事责任。实务中对于上述规定的理解及个案认定存在争议，一种观点认为，凡是利用计算机实施的相关犯罪，不论行为手段是否构成相关计算机犯罪，均应以相关犯罪处罚；另一种观点认为，行为同时触犯计算机信息安全罪与侵犯财产罪的，应按照牵连犯的处罚原则，从一重罪处断。无论采上述何种观点，对于“非法利用计算机窃取财物”型犯罪，行为符合盗窃罪构成要件的，均要对目的行为进行评价，方能确定最终罪名。

本案的特殊情况在于，证明涉案公司损失的商品的价值的证据，系涉案公司自行出具的物品清单，上标相应的物品数量和价格，但无其他证据予以印证，且该清单反映的价格与其他网络商城的同类商品的价格差异较大，涉案网络商城的礼品券系以积分形式存在，赃物亦未起获，故无法认定涉案商品的具体价值，根据事实存疑有利于被告人的原则，公诉机关指控谢某犯盗窃罪的犯罪金额无法证实，认定被告人构成盗窃罪的事实不清，证据不足。

三、本案为何构成破坏计算机信息系统数据罪

对于危害计算机安全的犯罪，我国《刑法》第二百八十五条规定了非法侵入计算机信息系统罪、非法获取计算机信息系统数据、非法控制计算机信息系统罪、提供侵入、非法控制计算机信息系统程序、工具罪，《刑法》第二百八十六条规定了破坏计算机信息系统罪，全面打击针对计算机信息系统实施的非法侵入、控制、获取数据、破坏行为，为保护计算机信息系统和数据安全提供了规范指引。非法利用计算机窃取财物，需要对计算机信息系统或功能进行删改、干扰，根据对计算机信息系统实际危害的不同，往往涉及非法控制计算机信息系统罪和破坏计算机信息系统罪。

根据《刑法》第二百八十五条的规定，非法控制计算机信息系统罪是指，违反国家规定，侵入国家事务、国防建设、尖端科学技术领域的计算机信息系统以外的计算机信息系统或者采用其他技术手段，对该计算机信息系统实施非法控制，情节严重的行为。根据《刑法》第二百八十六条的规定，破坏计算机信息系统罪主要有三种行为类型：一是破坏计算机信息系统功能型，即违反国家规定，对计算机信息系统功能进行删除、修改、增加、干扰，造成计算机信息系统不能正常运行，后果严重的行为；二是破坏计算机信息系统数据和应用程序型，即违反国家规定，对计算机信息系统中存储、处理或者传输的数据和应用程序进行删除、修改、增加的操作，后果严重的行为；三是制作传播破坏性程序型，即故意制作、传播计算机病毒等破坏性程序，影响计算机系统正常运行，后果严重的行为。

对比《刑法》关于非法控制计算机信息系统罪和破坏计算机信息系统罪的规定可发现，“破坏”行为强调的是对计算机信息系统正常运行秩序和数据安全的破坏，重在保护计算机信息系统的可用性和完整性；“控制”行为虽采取空白罪状的规定，但从文理解释和体系解释的角度来看，“控制”行为虽可能涉及对计算机信息系统及数据的删改、干扰，但尚未达到“破坏”行为所造成的影响系统正常运行秩序的程度，强调的是不法分子企图基于合法使用人的地位操控、使用计算机信息系统，重在保护计算机信息系统的合法使用。

从本案来看，谢某并未通过修改数据向该网络商城系统发出其他运行指令，也未主动控制、操纵该网络商城其他用户对系统的使用，其行为尚未达到非法控制计算机信息系统的程度，但其利用被害公司系统漏洞，非法修改网络商城的系统数据，损害了被害单位计算机信息系统的数据安全，属于《刑法》第二百八十六条第二款规定的“违反国家规定，对计算机信息系统中存储、处理或者传输的数据和应用程序进行删除、修改、增加的操作”的行为，性质上构成破坏计算机信息系统的行为。

在行为定性的基础上，需要考虑行为是否达到“后果严重”的定量标准。《最高人民法院、最高人民检察院关于办理危害计算机信息系统安全刑事案件应用法律若干问题的解释》第四条第一款规定，破坏计算机信息系统功能、数据或者应用程序，具有下列情形之一的，应当认定为《刑法》第二百八十六条第一款和第二款规定的“后果严重”：(1)造成10台以上计算机信息系统的主要软件或者硬件不能正常运行的；(2)对20台以上计算机信息系统中存储、处理或者传输的数据进行删除、修改、增加操作的；(3)违法所得5000元以上或者造成经济损失1万元以上的；(4)造成为100台以上计算机信息系统提供域名解析、身份认证、计费等基础服务或者为1万以上用户提供服务的计算机信息系统不能正常运行累计1小时以上的；(5)造成其他严重后果的。

在本案中，在案证据虽无法证实谢某伙同他人修改网络商城系统数据而获利或被害单位受损失的具体数额，但综合被害单位出具的平台账户交易记录、物品清单等书证材料、证人证言、被告人谢某的供述等证据，足以认定谢某伙同他人利用被害公司系统漏洞，通过第三方软件非法修改网络商城的系统数据，获取数十万礼品券并消费，从涉案公司经营的网络商城非法取得了包括烤箱等日常生活使用的高价值电器产品在内的大量商品，给涉案公司造成的包括经济损失在内的相关后果确属严重，符合《最高人民法院、最高人民检察院关于办理危害计算机信息系统安全刑事案件应用法律若干问题的解释》第四条第一款规定的破坏计算机信息系统数据，具有“造成其他严重后果的”情形，应以破坏计算机信息系统罪定罪处罚。

相关法律规范

《刑法》

第二百八十六条　违反国家规定，对计算机信息系统功能进行删除、修改、增加、干扰，造成计算机信息系统不能正常运行，后果严重的，处五年以下有期徒刑或者拘役；后果特别严重的，处五年以上有期徒刑。

违反国家规定，对计算机信息系统中存储、处理或者传输的数据和应用程序进行删除、修改、增加的操作，后果严重的，依照前款的规定处罚。

故意制作、传播计算机病毒等破坏性程序，影响计算机系统正常运行，后果严重的，依照第一款的规定处罚。

单位犯前三款罪的，对单位判处罚金，并对其直接负责的主管人员和其他直接责任人员，依照第一款的规定处罚。

第二百八十七条　利用计算机实施金融诈骗、盗窃、贪污、挪用公款、窃取国家秘密或者其他犯罪的，依照本法有关规定定罪处罚。

《最高人民法院、最高人民检察院关于办理危害计算机信息系统安全刑事案件应用法律若干问题的解释》

第四条　破坏计算机信息系统功能、数据或者应用程序，具有下列情形之一的，应当认定为刑法第二百八十六条第一款和第二款规定的"后果严重"：

（一）造成十台以上计算机信息系统的主要软件或者硬件不能正常运行的；

（二）对二十台以上计算机信息系统中存储、处理或者传输的数据进行删除、修改、增加操作的；

（三）违法所得五千元以上或者造成经济损失一万元以上的；

（四）造成为一百台以上计算机信息系统提供域名解析、身份认证、计费等基础服务或者为一万以上用户提供服务的计算机信息系统不能正常运行累计一小时以上的；

（五）造成其他严重后果的。

实施前款规定行为，具有下列情形之一的，应当认定为破坏计算机信息系统"后果特别严重"：

（一）数量或者数额达到前款第（一）项至第（三）项规定标准五倍以上的；

（二）造成为五百台以上计算机信息系统提供域名解析、身份认证、计费等

基础服务或者为五万以上用户提供服务的计算机信息系统不能正常运行累计一小时以上的;

(三)破坏国家机关或者金融、电信、交通、教育、医疗、能源等领域提供公共服务的计算机信息系统的功能、数据或者应用程序,致使生产、生活受到严重影响或者造成恶劣社会影响的;

(四)造成其他特别严重后果的。

第十一条　本解释所称“计算机信息系统”和“计算机系统”,是指具备自动处理数据功能的系统,包括计算机、网络设备、通信设备、自动化控制设备等。

本解释所称“身份认证信息”,是指用于确认用户在计算机信息系统上操作权限的数据,包括账号、口令、密码、数字证书等。

本解释所称“经济损失”,包括危害计算机信息系统犯罪行为给用户直接造成的经济损失,以及用户为恢复数据、功能而支出的必要费用。

(王文涛　于慧雯撰写)

二、黑客入侵网站获取公民信息的罪与罚

关 键 词:黑客　撞库　个人信息　侵犯公民个人信息罪

典型案例:黑客入侵网站获取公民个人信息案——徐某侵犯公民个人信息案

裁判要旨:人为利用撞库等手段入侵他人网站窃取信息的,应当结合犯罪对象、获取信息的类型等确定罪名。犯罪对象为公民个人信息的,应当认定为侵犯公民个人信息罪。

案情简介

被告人徐某于 2019 年 5 月至 10 月,在未经各网站授权的情况下通过“数据库操作软件”“弱口令入侵”等黑客技术手段入侵他人网站,窃取公民个人信息。经鉴定机关对其电脑硬盘中的公民信息进行提取、排重及统计:以身份证号为主键,至少包含姓名,可能包含手机号、地址的,共 58 651 262 条;以护照号、军官证号或其他证件号码为主键,至少包含姓名和手机号,可能包含地址

的，共 647 292 条；以手机号为主键，且手机号不存在前 2 项统计结果中的一要素（手机号）和二要素（手机号＋姓名）的记录共有 95 332 188 条，三要素（手机号、姓名、地址）共 4 602 532 条，仅包含姓名、地址的信息的，共 1 966 622 条。其中，统计公民信息中身份证号为 110 222 开头的或地址信息中含有“顺义”的记录，以身份证号为主键的共有 33 929 条，以手机号为主键的共有 5230 条。被告人徐某于 2019 年 10 月 19 日被查获，在被采取强制措施期间，其向公安机关主动供述本人侵犯公民个人信息的犯罪事实。

一审法院审理认为被告人徐某窃取公民个人信息，情节特别严重，其行为已构成侵犯公民个人信息罪，依法应予惩处。鉴于被告人徐某在被采取强制措施期间，如实供述司法机关还未掌握的本人其他罪行，系自首，且自愿认罪认罚，故依法对其从轻处罚，判决被告人徐某犯侵犯公民个人信息罪，判处有期徒刑 4 年 6 个月，并处罚金人民币 3 万元。宣判后，徐某不服一审判决，提出上诉。

二审法院审理期间，上诉人徐某撤回上诉，经二审法院审查，上诉人徐某申请撤回上诉的要求符合法律规定，裁定准许其撤回上诉。

法院观点

本案争议焦点为徐某的行为应定性为非法获取计算机信息系统数据罪，还是侵犯公民个人信息罪。我国《刑法》在第六章妨害社会管理秩序罪第一节扰乱公共秩序罪中规定了非法获取计算机信息系统数据罪的客观方面：违反国家规定，侵入国家事务、国防建设、尖端科学技术领域的计算机信息系统以外的计算机信息系统或者采用其他技术手段，获取该计算机信息系统中存储、处理或者传输的数据，情节严重的行为。同时，我国《刑法》在第四章侵犯公民人身权利、民主权利罪中规定了侵犯公民个人信息罪的客观方面：窃取或者以其他非法方法获取公民个人信息，情节严重的行为等。两罪虽然在客观方面存在一定的相似之处，但在保护法益、犯罪对象等方面存在不同之处。从《最高人民法院、最高人民检察院关于办理危害计算机信息系统安全刑事案件应用法律若干问题的解释》的相关规定来看，非法获取计算机信息系统数据罪中的数据主要包括：支付结算、证券交易、期货交易等网络金融服务的身份认证信息以及其他身份认证信息。身份认证信息是指用于确认用户在计算机信息系统上操作权限的数据,包括账号、口令、密码、数字证书等。而侵犯公民个人信息罪中的信息,包括公民的姓名、年龄、有效证件号码、婚姻状况、工作单位、学历、履历、家庭住址、电话号码等能够识别公民个人身份或者涉及公民个人隐私的信息、数据资料等。两者的犯罪对象也有一定区别。当然,两罪之间可能会发生法条竞合。依据《刑法》第二百八十七条之规定,利用计算机实施金融诈骗、盗窃、贪污、挪用公款、窃取国家秘密或者其他犯罪的,依据有关规定定罪处罚。换言之,在发生法条竞合时,应将行为认定为其他犯罪而不认定危害计算机安全的相关犯罪。本案中鉴定出的数据主要为公民的姓名、身份证号、电话号码、地址等公民个人信息,犯罪对象明确。故徐某的行为应认定为侵犯公民个人信息罪。

根据侵犯公民个人信息罪相关司法解释,本案中徐某非法获取的公民个人信息为一般公民个人信息,结合鉴定意见所确定的信息数量,徐某犯罪情节属于特别严重,法定刑为 3 年以上 7 年以下有期徒刑,并处罚金。因徐某具有自首情节,并自愿认罪认罚,法院依法对其从轻处罚,最终判处有期徒刑 4 年 6 个月,并处罚金人民币 3 万元。

法官说法

"黑客"通常指对计算机科学高度理解和掌握的人,但也有一些黑客利用计算机技术实施犯罪行为。本案中徐某就是利用黑客技术侵入网站进而获取公民个人信息,这样的行为既会侵害他人的合法权益,也会扰乱国家对网络秩序的管理,是依法应当惩处的犯罪行为。对黑客侵入网站获取公民信息行为的定性,应在考虑非法获取信息的手段、获取信息的类型等的基础上准确判断。

侵犯公民个人信息罪包括三种行为类型:一是违反国家有关规定,向他人出售或者提供公民个人信息,情节严重的;二是违反国家有关规定,将在履行职责或者提供服务过程中获得的公民个人信息,出售或者提供给他人的;三是窃取或者以其他方法非法获取公民个人信息的。在侦查过程中未发现徐某有向他人出售所获取的公民个人信息的行为,徐某利用黑客技术侵入他人网站非法获取公民个人信息的行为属于第三种行为类型。如果徐某后续还实施了出售公民个人信息的行为,在定罪上仍然为侵犯公民个人信息罪,对于出售公民个人信息的情况应在量刑中予以考虑。

从徐某实施的犯罪行为的手段上看，徐某通过数据库弱口令利用撞库方式侵入他人的网站获取公民信息，其犯罪手段并不高明或难以预防。徐某之所以能成功获取网站信息，一个重要原因在于其所侵入的网站用户未更改原始密码，给予了犯罪分子可乘之机。由此可见，及时、定期更改密码是保护网络安全和财产安全的重要手段。

相关法律规范

《刑法》

第二百八十五条　违反国家规定，侵入国家事务、国防建设、尖端科学技术领域的计算机信息系统的，处三年以下有期徒刑或者拘役。

违反国家规定，侵入前款规定以外的计算机信息系统或者采用其他技术手段，获取该计算机信息系统中存储、处理或者传输的数据，或者对该计算机信息系统实施非法控制，情节严重的，处三年以下有期徒刑或者拘役，并处或者单处罚金；情节特别严重的，处三年以上七年以下有期徒刑，并处罚金。

提供专门用于侵入、非法控制计算机信息系统的程序、工具，或者明知他人实施侵入、非法控制计算机信息系统的违法犯罪行为而为其提供程序、工具，情节严重的，依照前款的规定处罚。

单位犯前三款罪的，对单位判处罚金，并对其直接负责的主管人员和其他直接责任人员，依照各该款的规定处罚。

第二百八十七条　利用计算机实施金融诈骗、盗窃、贪污、挪用公款、窃取国家秘密或者其他犯罪的，依据本法有关规定定罪处罚。

第二百五十三条之一　违反国家有关规定，向他人出售或者提供公民个人信息，情节严重的，处三年以下有期徒刑或者拘役，并处或者单处罚金；情节特别严重的，处三年以上七年以下有期徒刑，并处罚金。

违反国家有关规定，将在履行职责或者提供服务过程中获得的公民个人信息，出售或者提供给他人的，依照前款的规定从重处罚。

窃取或者以其他方法非法获取公民个人信息的，依照第一款的规定处罚。

单位犯前三款罪的，对单位判处罚金，并对其直接负责的主管人员和其他直接责任人员，依照各该款的规定处罚。

第六十七条　犯罪以后自动投案，如实供述自己的罪行的，是自首。对于自首的犯罪分子，可以从轻或者减轻处罚。其中，犯罪较轻的，可以免除处罚。

被采取强制措施的犯罪嫌疑人、被告人和正在服刑的罪犯，如实供述司法机关还未掌握的本人其他罪行的，以自首论。

犯罪嫌疑人虽不具有前两款规定的自首情节，但是如实供述自己罪行的，可以从轻处罚；因其如实供述自己罪行，避免特别严重后果发生的，可以减轻处罚。

《刑事诉讼法》

第十五条　犯罪嫌疑人、被告人自愿如实供述自己的罪行，承认指控的犯罪事实，愿意接受处罚的，可以依法从宽处理。

《最高人民法院、最高人民检察院关于办理危害计算机信息系统安全刑事案件应用法律若干问题的解释》

第一条　非法获取计算机信息系统数据或者非法控制计算机信息系统，具有下列情形之一的，应当认定为刑法第二百八十五条第二款规定的“情节严重”：

（一）获取支付结算、证券交易、期货交易等网络金融服务的身份认证信息十组以上的；

（二）获取第（一）项以外的身份认证信息五百组以上的；

（三）非法控制计算机信息系统二十台以上的；

（四）违法所得五千元以上或者造成经济损失一万元以上的；

（五）其他情节严重的情形。

实施前款规定行为，具有下列情形之一的，应当认定为刑法第二百八十五条第二款规定的“情节特别严重”：

（一）数量或者数额达到前款第（一）项至第（四）项规定标准五倍以上的；

（二）其他情节特别严重的情形。

第十一条　本解释所称“计算机信息系统”和“计算机系统”，是指具备自动处理数据功能的系统，包括计算机、网络设备、通信设备、自动化控制设备等。

本解释所称“身份认证信息”，是指用于确认用户在计算机信息系统上操作权限的数据，包括账号、口令、密码、数字证书等。

本解释所称“经济损失”，包括危害计算机信息系统犯罪行为给用户直接造成的经济损失，以及用户为恢复数据、功能而支出的必要费用。

《最高人民法院、最高人民检察院关于办理侵犯公民个人信息刑事案件适用法律若干问题的解释》

第五条　非法获取、出售或者提供公民个人信息，具有下列情形之一的，应当认定为刑法第二百五十三条之一规定的“情节严重”：

（一）出售或者提供行踪轨迹信息，被他人用于犯罪的；

（二）知道或者应当知道他人利用公民个人信息实施犯罪，向其出售或者提供的；

（三）非法获取、出售或者提供行踪轨迹信息、通信内容、征信信息、财产信息五十条以上的；

（四）非法获取、出售或者提供住宿信息、通信记录、健康生理信息、交易信息等其他可能影响人身、财产安全的公民个人信息五百条以上的；

（五）非法获取、出售或者提供第三项、第四项规定以外的公民个人信息五千条以上的；

（六）数量未达到第三项至第五项规定标准，但是按相应比例合计达到有关数量标准的；

（七）违法所得五千元以上的；

（八）将在履行职责或者提供服务过程中获得的公民个人信息出售或者提供给他人，数量或者数额达到第三项至第七项规定标准一半以上的；

（九）曾因侵犯公民个人信息受过刑事处罚或者二年内受过行政处罚，又非法获取、出售或者提供公民个人信息的；

（十）其他情节严重的情形。

实施前款规定的行为，具有下列情形之一的，应当认定为刑法第二百五十三条之一第一款规定的“情节特别严重”：

（一）造成被害人死亡、重伤、精神失常或者被绑架等严重后果的；

（二）造成重大经济损失或者恶劣社会影响的；

（三）数量或者数额达到前款第三项至第八项规定标准十倍以上的；

（四）其他情节特别严重的情形。

（方　玉　李　冕撰写）

跋

近几十年来，在摩尔定律的推动下，数字技术突飞猛进，数字经济凯歌高奏，新业态、新模式层出不穷。在中国改革开放中成长起来的一代人，有幸亲身经历从汉卡、386 时代到 Windows、互联网时代，再到智能手机、云计算、元宇宙、ChatGPT 时代的全过程，其变化之多之快，至今仍让人应接不暇。

但是，数字经济也有美中不足。一方面新技术、新模式极大地提高了社会生产力，让我国在较短时间内迅速成为世界上数字经济创新最活跃、应用场景最丰富的国家之一，另一方面也不可避免地带来了一些新问题。这不仅包括黑客攻击、网络安全、数据安全这些数字经济与生俱来的技术性问题；还有新型劳动关系、新业态各类主体权责、互联网平台监管等传统商事、民事问题的升级版。

数字时代，司法案例的重要性凸显。由于法律法规的权威性、稳定性和各级立法流程的严格性，相对于这些不断涌现的新问题，各国的法律体系都面临如何解读、如何适用、是否需要适时修改的问题。在实践中，司法案例是政府、企业、社会各界理解新事物本质、掌握新规律、寻找新共识的重要实践结果。司法案例不但在英美法系国家对于法律的理解和修订极其重要，在大陆法系国家也有很强的指导意义。比如我国最高人民法院的典型判例，就是各界理解法律条文如何在现实生活中应用的重要依据，也为各级政府政策的优化、各层级法律法规的细化提供了强有力的实践指导。

北京“两区”建设，就是要为国家试制度、为地方谋发展。北京市是数字经济的高地，“独角兽”企业数量在全球数一数二，数字经济企业总部云集、人才济济。这些企业面临的很多新问题，包括现有政策如何解读、现有法律法规如何适用，并没有统一明确的标准答案。2022 年以来，在北京市第三中级人民法院的法官们与北京博锐开放政策研究院的“两区”政策研究者的跨界交流中，不同领域专家思想碰撞产生出的火花，共同发现三中院的终审案例库其实是一个宝藏，包括了许多数字经济实践的最新判例，对于数字经济企业如何健康发展、各类主体如何有效维护自身合法权益，具有较高价值。与三中院合作将这些高价值案例梳理汇编成册，是市“两区”办和博锐开放政策研究院服务企业与社会的一次探索。

北京市三中院是北京法院商事审判特色人才高地。参与编写本书的各位法官都有丰富的审判经验和深厚的法学功底。在 2022 年岁末疫情高峰期，他们兢兢业业、攻坚克难，高质量地完成了本书初稿的编写工作，为广大读者送上了一份沉甸甸的厚礼。

相信本书将为政府政策制定、企业战略规划、专家课题研究等数字经济工作，提供专业、清晰的实务指引。也欢迎读者提供反馈意见和建议，为本书的正式出版和后续案例汇编提供重要的参考依据。

北京博锐开放政策研究院

2023 年 5 月